中国潜水打捞行业协会休闲潜水系列丛书

开放水域潜水员

主　编：王　奇　王佐恺

副主编：刘　芳

编　委：（按姓氏笔画排列）

于　群　于澎涛　王丽丽　刘　航　孙　斌

李良修　张少华　周　侠　赵丙坤　高　群

秦　婉　黄　尧

主　审：宋家慧

中国海洋大学出版社

·青岛·

图书在版编目（CIP）数据

开放水域潜水员／王奇，王佐恺主编. —青岛：中国
海洋大学出版社，2019.8
ISBN 978-7-5670-2336-9

Ⅰ.①开… Ⅱ.①王… ②王… Ⅲ.①潜水—技术培
训—教材 Ⅳ.①U676

中国版本图书馆CIP数据核字（2019）第162611号

出版发行	中国海洋大学出版社
社　　址	青岛市香港东路23号　　邮政编码　266071
网　　址	http://pub.ouc.edu.cn
出 版 人	杨立敏
责任编辑	邹伟真
电　　话	0532-85902533
电子信箱	zwz_qingdao@sina.com
印　　制	青岛国彩印刷股份有限公司
版　　次	2019年9月第1版
印　　次	2019年9月第1次印刷
成品尺寸	170 mm × 230 mm
印　　张	9
字　　数	123千
印　　数	1-1100
定　　价	152.00元
订购电话	0532-82032573（传真）

发现印装质量问题，请致电0532-88194567，由印刷厂负责调换。

中国潜水打捞行业协会休闲潜水系列丛书

编委会

总 序

　　21世纪，人类进入了大规模开发利用海洋的时期。海洋在我国经济社会发展和对外开放大局中的作用更加重要，提高海洋资源开发能力，发展海洋经济，保护海洋生态环境已成为新时代的重要课题之一。

　　中国潜水打捞行业协会是目前世界上唯一集救助打捞、海洋工程、船舶及装备制造业、（全面覆盖）空气潜水、混合气潜水、饱和潜水和常压式潜水等多种潜水技术培训、发证为一身的行业自律管理社团组织。是经国家批准成立的非营利性社会组织。长期以来为工程潜水提供行业规范、团体标准和专业指导服务，秉承"一个目标，两个追求，三个服务"的协会发展宗旨，负责行业自律管理体系下多种潜水培训、发证和管理，在潜水打捞、应急救援和海洋工程、港口和水工工程、水下工程质量检测领域发挥了重要和积极作用，培训出大量具有强烈安全意识、丰富经验和能力水平的水下作业人员，为促进行业良性发展起到了重要作用。同时，也发挥了政府与企业事业之间及政府与社会之间的桥梁和纽带作用，承担了应尽的社会责任和义务。

为响应国家"发展海洋旅游"的战略，中国潜水打捞行业协会以专业性优势及强大的专家团队支持，积极开发国有休闲潜水体系，支持自有知识产权丛书的开发。中国潜水打捞行业协会开展的一系列潜水打捞行业自律管理体系既符合中国国情又符合国际标准，有力助推了国家共建"一带一路"、海洋经济走出国门的战略发展。

此次我欣然接受青岛海洋技师学院的邀请，为中国第一套出版的自有知识产权休闲潜水丛书作序。2018年1月26日，中国潜水打捞行业协会（CDSA）在青岛隆重举行了开展休闲潜水的启动仪式，颁发了培训机构、休闲潜水员、教练员首批证书。"CDSA休闲潜水丛书"的撰写，以及以此为基础所开展的培训和发证工作，表明长达20多年中国休闲潜水培训发证一直由外国商业机构垄断的格局已经被打破，开启了中国自主休闲潜水培训、发证和自律管理的历史新纪元。同时，提升了国家的海洋意识，促使国人更多地亲近海洋，帮助相关从业者和从业公司更规范地经营，提供更高水平、更专业化的服务和支撑，使整个行业更加规范、安全、环保。实现可持续发展也是中国潜水打捞行业协会责无旁贷的义务和奋斗目标。

中国休闲潜水事业已经扬帆起航，并将迎来一个飞速发展的黄金期。我相信在国家的正确指引下，在有关部门和社会各界的关心下，在广大会员和休闲潜水爱好者的积极参与下，一定能够成功打造出可以向世界展示我国现代化休闲潜水事业的国家品牌。同时，也希望这套教材可以起到抛砖引玉的作用，使中国涌现出更多的休闲潜水爱好者、海洋环境保护者，进一步推动广大青少年了解海洋、接触海洋、热爱海洋。

中国潜水打捞行业协会理事长

宋家慧

2019年6月6日

总前言 FOREWORD

　　休闲潜水是一项充满挑战性和趣味性的休闲活动，在美好生活需求日益增长的今天，越来越受到人们的喜爱。为了满足社会对休闲潜水快速发展的需求，中国潜水打捞行业协会（China Diving & Salvage Contractors Association，简称CDSA），非工程潜水技术专业委员会顺势而为，建立起我国休闲潜水培训架构体系及丛书，旨在培养更多更好的休闲潜水教练和潜水员，推动中国潜水行业发展，谱写新时代下中国休闲潜水发展的新篇章。

　　"CDSA休闲潜水系列丛书"是由中国潜水打捞行业协会非工程潜水技术专业委员会主导，青岛海洋技师学院负责组织人员编写。

　　本丛书遵循CDSA架构体系，包括了从休闲潜水员入门至休闲潜水教练级别的《开放水域潜水员》《进阶潜水员》《救援潜水手册》《潜水长手册》《高氧潜水》等专长课程。随着中国休闲潜水行业的蓬勃发展，未来会有更多专长课程丛书列入。

　　青岛海洋技师学院是中国潜水打捞行业协会非工程潜水技术专业委员会委员单位，中国潜水打捞行业协会潜水员培训基地，中国首批休闲潜水培训基地。学院受协会委托组织编写本套丛书，在编写过程中，中国潜水打捞行业协会给予了大力指导，非工程潜水技术专业委员会委员单位给予了有力支持。正是因为有了各方面的帮助，使得本丛书内容更加丰富、更加科学，在此向他们表示衷心的感谢！

　　在编写过程中，我们力求"CDSA休闲潜水系列丛书"科学合理，能够符合广大休闲潜水爱好者、休闲潜水教练的兴趣和需要。但限于编者的水平，错漏难免，希望同行和读者不吝指正，以利于下一版的改进。

"CDSA休闲潜水丛书"编委会

2019年4月26日

前　言　FOREWORD

　　《开放水域潜水员》是休闲自携式潜水入门的第一课，也是"CDSA休闲潜水系列丛书"中的第一本。本书依据中国法律法规以及国际标准化组织对潜水的相关规定编写，用于中国潜水打捞行业协会对开放水域潜水员的培训，以及为广大潜水活动爱好者提供参考。本书本着"理论为实践服务，实践中强化理论"的原则编写，注重对练习和经验的累积，并把相关的扩展资料一并纳入，具有实用性。

　　本书分为潜水理论与潜水实操两大部分，第一单元、第二单元、第三单元和第四单元分别从休闲潜水是什么、休闲潜水胜地、海洋生物、潜水物理学和生理学、潜水装备几方面介绍了休闲潜水的基本知识；第五单元和第六单元分别从平静水域和开放水域两个不同练习场所介绍了实操部分需要学习和注意的事项。

　　休闲潜水有良好的发展前景，相关理论和医学知识都在不断地探索中，我们也在不断地推陈出新，以安全、环保、娱乐为基石建设中国休闲潜水体系。中国打捞行业协会与中国海洋技师学校作为独立开发中国潜水体系的组织者，将推动中国潜水行业发展做为己任，将普及海洋生态环境保护、加强海洋生态文明建设做为己任。

　　鉴于我们水平有限，时间仓促，不足之处和差错在所难免，竭诚各位专家和读者提出宝贵意见，以利于下一版的改进。

王　奇

2019年4月26日

　　中国潜水打捞行业协会（China Diving & Salvage Contractors Association，简称CDSA）于2008年6月2日由中华人民共和国民政部批准正式成立，属国家一级协会。是全国唯一一家从事各类潜水、打捞、救助、海洋及水下工程、船舶及设施建造、潜水打捞装备装具制造、潜水医学保障、海洋海事科研、教学、培训、保险等机构自愿结成行业性和非营利性的社会团体。

　　在中华人民共和国交通运输部的业务指导下，CDSA致力于促进潜水行业的全面发展，逐步成为国内外富有影响力的行业社团组织。现拥有会员单位近500家，下设4个办事处、9个专业委员会。

　　CDSA秉承"服务于国家，服务于行业，服务于会员"三个服务意识，围绕国家发展大局，引导和规范本行业自律行为，维护本行业及会员合法权益，组织和协调行业内关系，助推和提升本行业整体管理水平和服务能力，发挥政府与企事业之间以及政府与社会之间的桥梁和纽带作用，承担应尽的社会责任和义务，为国家海洋开发和海洋强国战略作出重要贡献。

CDSA休闲潜水培训体系

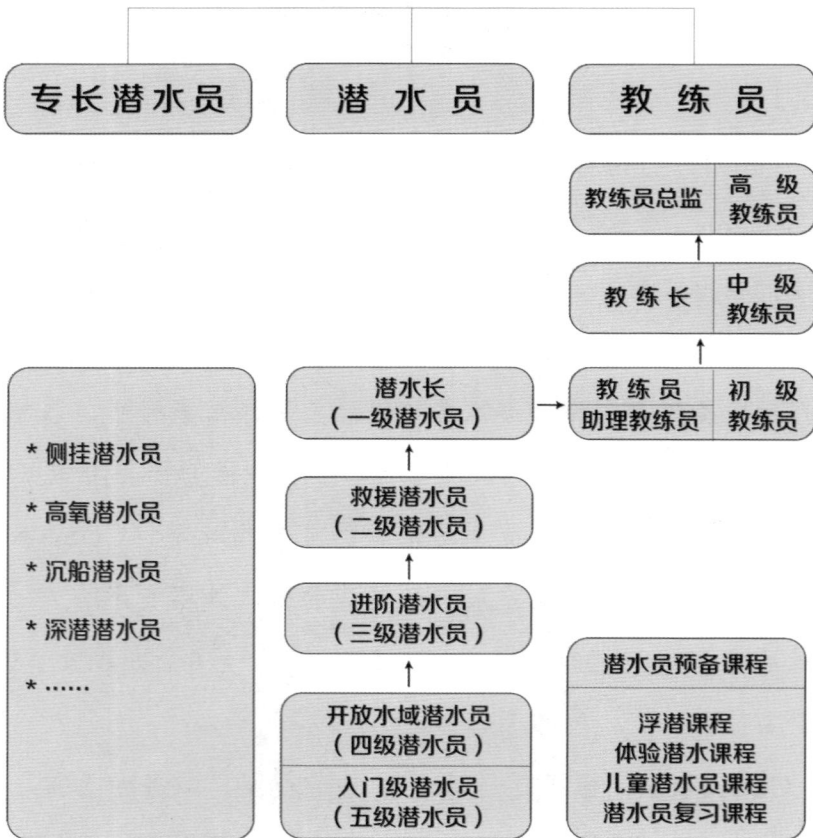

专长潜水员	潜水员	教练员

教练员总监	高级教练员
教练长	中级教练员
教练员 助理教练员	初级教练员

专长潜水员	潜水员进阶	教练员
* 侧挂潜水员 * 高氧潜水员 * 沉船潜水员 * 深潜潜水员 * ……	潜水长 （一级潜水员） 救援潜水员 （二级潜水员） 进阶潜水员 （三级潜水员） 开放水域潜水员 （四级潜水员） 入门级潜水员 （五级潜水员）	潜水员预备课程 浮潜课程 体验潜水课程 儿童潜水员课程 潜水员复习课程

CDSA潜水进阶流程图

目 录 CONTENTS

第一单元

走近休闲潜水

那海水酣睡的宫殿里，铺满了多少奇珍异宝。——爱·扬格

大海能冲刷掉人类的污垢。——欧里庇得斯

　　人类从未停止探索未知世界的步伐，而海洋，以它独特的魅力和神秘征服了众多探险家。通过探索海洋，你会了解到占有地球近71%面积的这片广大疆域；通过学习更多关于海洋的知识，你可以了解孕育了整个地球的生命起源；通过学习更多关于潜水方面的知识，你能更安全、更享受地进行你的探索之旅。

本单元学习内容：

※ 为什么要取得专业的执照

※ 什么是SCUBA

※ CDSA学习流程

※ CDSA潜水员理念

一、为什么要取得专业的执照？

　　"知道什么是潜水"与"有能力安全地进行潜水"有着本质的不同，潜水作为一项水下运动，呼吸方式及交流方式都与我们在陆地时候有着极大的区别。而如何进行安全有效地潜水，也不是仅仅在课本上就可以学到的知识，它需要有专业的教练员讲解相关的注意点和标准，一步步脱离陆地

图1-1　海底图

上的舒适区，在海中重新找到自己的舒适区。专业的潜水执照是对已学习的相关准则规定、练习的凭证，也是在全世界各地探索海洋的通行证。

　　作为一名合格的潜水员，不但要有相应的潜水知识，避免可预见危险的能力，还应有着合适的装备和永不把自己推向未知危险的克制心。一名合格的潜水员是一名对自己、对潜伴都负责的潜水员，每一位合格的潜水员都必须是持证潜水员。

　　成为一名持证潜水员，是进行探索的第一步，从此将开启一个崭新的世界。

二、什么是SCUBA

我们将休闲自携式潜水称为SCUBA潜水，是因为SCUBA来源于"自携式潜水水下呼吸装备"的缩写。自从1970年亚库斯托发明第一件自携式潜水装具装备开始，休闲潜水到现在已有了长足的发展。

SC: Self-Contained（自携式）
U: Underwater（水下）
B: Breathing（呼吸）
A: Apparatus（装备）

图1-2　SCUBA不同字母的含义

三、CDSA学习流程

在学习课程之前，需要在教练的指引，签署以下表格。

①《健康声明书》：此表格需要所有疾病前都签"否"，如有签"是"的项目，需要开具医生签名盖章同意参加潜水活动的证明书。如有任何疑问，请详询医生。

②《风险提示及责任豁免书》：潜水运动是在水中进行的活动，具有一定的危险性。请观看风险提示视频，或由教练对可能发生的风险及如何避免进行风险提示。在完全了解此运动可能存在的风险后签署此文件。此文件在下水前必须签署完毕。

③《训练记录》：请将训练记录上学员资料填写完整，并且每完成一项训练

后，与教练一起在相应空格处签名确认。当所有记录填写完毕后，此表格由潜水中心保存，保存期限为七年。《训练记录》应一式两份，如遇到学员无法在同一个俱乐部完成所有培训的情况，其中一份由第一家潜水中心保存，另一份交由接收学员的第二家俱乐部继续填写和保存。

在完成所有书面文件的填写和确认后，便可以开始理论教学及开放水域教学的学习。

小贴士

CDSA开放水域潜水员课程必须由CDSA持证教练完成，并且教练应通过每年的审验才可续期教练资格。为了更好地保证教学质量及人员安全，CDSA要求每位教练必须隶属于合格CDSA培训机构，由培训机构进行统一管理，CDSA系统中无独立教练。

教练合格身份的查验，请登录CDSA官网http://www.cdsca.org.cn/进行查询。非认证教练或身份已过期教练不受CDSA认可。

四、CDSA潜水员理念

作为一名休闲潜水员，永远不要独潜。要尊重和照顾你的潜伴，和潜伴维持适当的安全距离。

作为一名合格的持证潜水员，永远不要超出自己的训练极限进行潜水。应在自己接受过训练的范围内进行潜水。若想要探索更多的未知领域，需先进行相关领域的专业知识培训。

作为一名潜水员，不允许触碰任何海洋生物。这是对海洋的保护也是对潜水员自己的保护，很多海洋生物有着潜在的危险，所以练好中性浮力也是潜水探险之旅中的重要任务。

作为一名合格的潜水员和海洋保护者，需要做到只留下气泡，只带走美好的回忆。

图1-3　美丽的海底

【讨论】

1. 为什么我们需要考取潜水执照?

2. 潜水员在日常生活及潜水活动中应该如何保护海洋?

第二单元

走进潜水

欢迎来到水底世界！在水中，我们在陆地熟知的物理学展示着它神秘的另一面。地球表面接近72％的面积是被水覆盖的，作为一名休闲潜水员，我们将会进入一个全新的世界，广袤而静谧，充满了神秘和挑战。在水下，物理定律依然适用，但是又以独特的方式影响着我们的身体和活动。下面先来了解一下我们将要接触的环境吧。

本单元学习内容：

※ 海洋的基本知识

※ 水体运动对潜水的影响

※ 热量的损耗

※ 声音的传播

※ 光在水底的传播

※ 世界主要潜水区域介绍

※ 中国主要潜水区域介绍

※ 潜水类型

※ 海洋生物介绍

※ 淡水生物介绍

一、海洋的基本知识

在我们的生活中，会遇到许多适合潜水的水域，如海洋、湖泊，甚至是有些人工水体也具备开放水域的条件。下面我们来了解一下最常见的开放水域：海洋。

1. 海洋的形成

研究证明，在大约46亿年前，一些恒星在寿命终止时发生大爆炸，产生漂浮在太空中的尘埃。尘埃及小的星体不断撞击，地球的体积不断增大。在高温作用下，地球内部水分气化升入空中，由于地心引力它们在地球周围形成一层水汽圈。

在地壳运动中地球表面变得褶皱不平，经过冷却定型后，形成高山、平原、河床、海盆等。大气温度也慢慢降低，水气与空气中的尘埃凝结成水滴。由于温差的存在，空气对流剧烈，形成风、雨、雷、电等自然现象，雨水向地球上较低地势流动，形成最初始的海洋。

海洋中植物的光合作用制造出的氧气占地球大气氧含量的70%，浮游生物又为更高等级的生物提供食物，高等级生物的粪便和尸体完全分解后形成的有机物再次进入循环，形成完整的生物链。

图2-1 地球的山川海洋

海洋为生命的诞生、进化与繁衍提供了条件，对于控制和调节全球气候方面发挥了重要的作用，所以时至今日我们都在说，海洋是生命的起源。

2．洋流

洋流是海水长期大规模沿一定方向较为稳定的流动。

洋流可以分为暖流和寒流，出发地点比到达地点水温高的是暖流，反之则为寒流。一般由低纬度流向高纬度的洋流为暖流，由高纬度流向低纬度的洋流为寒流。洋流是地球表面热环境的主要调节者，寒、暖洋流交汇的地方也会将下层的营养物质带到表层，有利于鱼群的繁殖，往往会形成大型渔场。

二、水体运动对潜水的影响

水体的运动会产生极大的能量，洋流的影响、潮汐的变化、冷暖流的交替、地底形态的变化都会对水体产生影响，多了解这些知识，会对我们的潜水有很大的帮助。

小贴士

水体运动是对潜水员安全至关重要的内容，所以我们需要了解各种水体的变化及对我们潜水的影响。

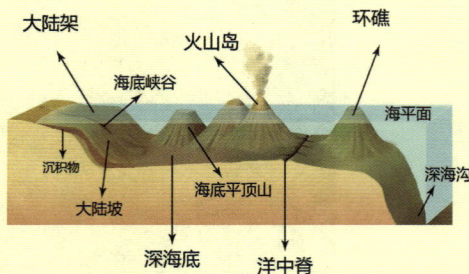

图2-2 海底地形

1．波浪

有风的地方就会形成波浪（wave），波浪的高度受到风速、风持续时间、风吹的单一距离的影响。如果风速很慢，则只会有很小的波浪；如果风速非常强，吹了很长一段时间，并且距离很长，则会有很大的波浪。当强风挟着波浪靠近海岸的时候，如果遇到水下突然增大角度的地形，会形成"破浪"。

2．涌浪

涌浪（surge）是风停止后或风已削弱，改变了原来风向，在海面上留下的波浪。涌浪对潜水影响比较大，在浅水区时能明显感觉到涌浪推着潜水员前后移动。这时最好的办法是下潜到一定深度。

3．潮汐

潮汐（tides）是由太阳和月亮的引力造成的，潮汐的起落在自然界中发挥着重要的作用，并对海洋活动产生着巨大影响。潮汐也是地球上非常稳定的现象之一，就像太阳从东方升起一样稳定，每天都有潮起潮落。我们的祖先为了表示生潮的时刻，把发生在早晨的高潮叫潮，发生在晚上的高潮叫汐，这是潮汐名称的由来。很多海边的潜水俱乐部及度假村都贴有一张潮汐表供潜水长和教练们查看，因为潮汐对水流和能见度有着很大的影响，对潜水活动的安全以及潜水计划的执行非常重要。

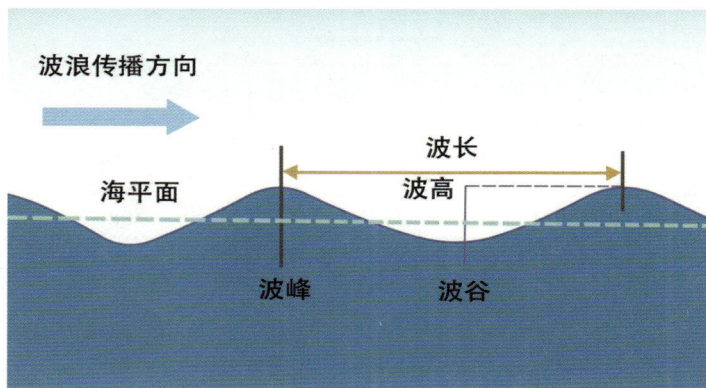

图2-3 波浪

时区：−0800（东8区）潮高基准面：在平均海平面下241 cm

潮时（Hrs）	02:01	08:37	14:23	20:58
潮高（cm）	344	116	366	113

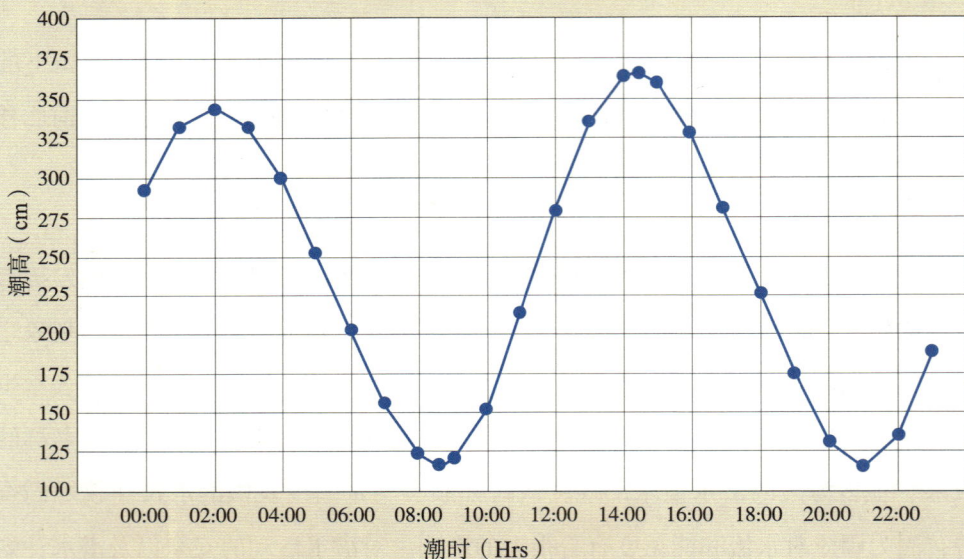

图2-4 塘沽2018-10-23潮汐表曲线图

知识链接

国家海洋信息中心是国家潮汐、潮流预报的责任单位，是潮汐表编制发行的承担单位，是我国海洋数据集成管理和对外服务的责任单位。

大潮和小潮

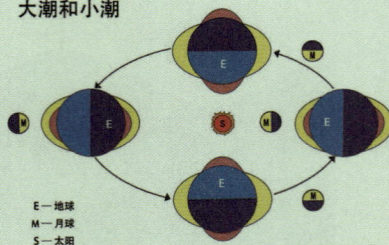

E—地球
M—月球
S—太阳

图2-5 大潮和小潮

4．沿岸流

岸边浪的速度取决于海底和海岸线的地形及水的深度，随着波浪在岸边的运动，波浪先与海岸碰撞减缓了前浪的速度，且形状趋近于海岸线的形状。此外，波浪不会完全平行于海岸线到达海滩，它们会以一个比较小的角度与海岸线相切，称之为"迎浪角度"。当波浪到达岸边或海岸线，会释放出一股能量，造成平行于海岸线的流，这种流叫作"沿岸流"（Longsore Currents）。

5．离岸流

离岸流（Rip Currents）也称为回卷流，是垂直或者接近垂直于海岸线的，由岸边向外海方向迅速流动。一般离岸流的速度是1～2英尺①/s，但是某些离岸流的测量速度能达到8英尺/s，这比游泳冠军的速度都要快。

离岸流的形成因素非常多，强度和状态会因潮汐、风力风向等多种因素改变，具有不可预见性，不知道什么时候会遇到它，甚至它发生时候都不易被觉察，所以对于游泳或者潜水的人具有巨大的危险。一旦遇到离岸流，不但会迅速将人卷向外海，而且会因水流高速产生的负压，将附近的人也"吸入"流中。

为了避免在离岸流中遇到危险，应该在下水前先观察地形，如沙洲缺口部位易形成离岸流，观察海里是否有狭窄而浑浊的条状水流。如果不慎被卷入离岸流，需保持冷静，在体力和能力许可的情况下努力使自己保持沿着平行于海岸线的方向游动，争取游出离岸流的狭窄区域，千万不要试图逆流向岸边游动，导致筋疲力尽发生危险。

图2-6 沿岸流

图2-7 离岸流

注：① 1英尺=0.3048米

三、热量的损耗

热量的传播在水中要比在空气中快得多，潜水行程可能是在温暖地带，可能是在寒冷地带，要根据不同环境做不同的潜水准备。寒冷不是一种让人愉快的体验，尤其是在水中瑟瑟发抖。在水中，低于人体核心温度37℃的水温都会让人体感觉寒冷，并且由于体温与水迅速发生热交换，所以在水中的热量损耗速度会比在空气中快很多，人体在水中热量散失的速度是在空气中的25倍。这也是为什么在空气中让人感觉清爽舒适的温度在水里却让人忍不住寒战。

当水温低于体温时，水流会快速带走身体的温度，当感到寒冷时身体会自动启动防御机制，血液循环变慢，并集中在人体的核心部位如躯干和脑的部分，来保证人体的正常运转。而时间一长，会出现失温的症状。低体温是减压病的一个诱发因素。因此，潜水员需拥有适合环境的防寒衣。

海底温度不是始终如一的，冷水密度比较高，会在比较下层的位置。水面受到阳光暖融融的照射，在没有潮汐和流的平静水域，水面的温度会比水底高出不少。在潜水过程中，有一个深度温度会突然下降，甚至在下潜过程中有可能下半身还在暖融融的水中，上半身已接触到了冷水，这是遇到了斜温层。

1. 斜温层

经过夏天，密度较小的温水浮在密度较大、较冷的水上面，由一斜温层（Thermocline）分开，水越深，密度越大。由于白天温水暴露在太阳下，有一稳定系统，温水和冷水很少混合，特别是在平静水域。

图2-8　斜温层

四、声音的传播

水的密度是$1.0×10^3$千克/立方米，而空气的密度只有1.29千克/立方米，可见水的密度是空气的772倍左右。我们在陆地上时可轻易分辨声音是由哪个方向传来，但是声音在水中的传播速度是空气中的4倍，我们很难在水中分辨声音到底是从哪个方向传来的，听起来都像是从上方传来的。

小贴士

在水底无法轻易辨别声音的传播方向，当潜水员听到有马达轰鸣的声音时，请注意头顶船只来往，在出水前上升阶段也留心听四周是否有马达声音，注意安全。

五、光在水底的传播

1. 光的折射

水的密度大于空气，所以光线在入水时会发生折射。在水中看到的物体要比实际的大，也会比实际的近。正常情况下，眼睛适应的是光从空气到晶状体及玻璃体的折射，所以在水中需要潜水镜将水和眼睛隔绝，形成一个有空气的空间，让潜水员能够正常清晰地看到水下世界。

图2-9　潜水员在水底见到的鱼

知识链接

　　光的折射：光从一种透明介质斜射入另一种透明介质时，传播方向一般会发生变化，这种现象叫作光的折射。

小贴士

　　在光线较弱、能见度较低的情况下，或夜间进行潜水时，需要进行相关环境方面的专长训练，如何使用辅助装备在夜间或低能见的场所潜水，如何在这种特殊环境中沟通，这些都是要在低能见度与夜潜专长中学习的，请向您的教练详细询问具体信息。

2. 光线的吸收

　　水下照片和陆地上的也有着极大的不同。明明绚丽多姿的珊瑚，在照片中却呈现出绿绿的颜色，并且越到深处，肉眼可见的颜色越少。这是因为光的衰减作用，水会吸收不同波段的光，所以在不同深度，就会有一种波段的光被吸收而消失。

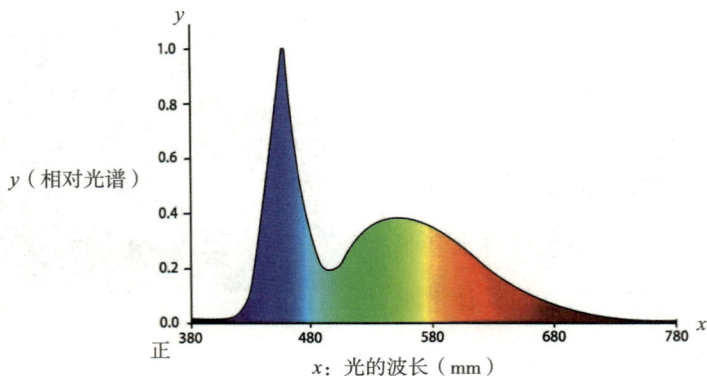

图2-10　光吸收图

水对光的吸收与波长有关，对波长较长的光吸收量比波长较短的光显著，所以在水下最先被吸收的光是红色，大概在5米左右的地方，便无法看到红色。暖色光被逐渐吸收，所以在深海就只能看到蓝色和紫色。如果想要拍照，可以带一把手电或视频灯下水对被拍摄目标进行照射，还原目标色彩。如果是在较浅水域，可以尝试用红色滤镜来补偿红色的吸收。

六、世界主要潜水区域介绍

有海水、湖泊，甚至有河流的地方，都可以潜水。潜水的类型有很多，热带海域、温带海域、寒冷的海域以及平静的湖泊、能见度较好且水流不湍急的河流等，都是可以探索的区域。

图2-11　潜水员及风景图

　　潜水员探索最多的区域就是海洋了，占据地球表面的71%面积的神秘疆域总是能给人们带来惊喜的体验。地球上分布着四大洋，即太平洋、大西洋、印度洋、北冰洋。整个地球上海洋面积约为36100万平方千米，其中太平洋约占49.8%，大西洋约占26%，印度洋约占20%，北冰洋约占4.2%。下面我们就来了解一下各大洋可供潜水的情况。

1. 太平洋

　　太平洋是世界上最大、最深、边缘海和岛屿最多的大洋，约占世界海洋的一半，平均水深3940米，太平洋之名译自拉丁文"Mare Pacificum"，意为"平静的海洋"，是由葡萄牙航海家麦哲伦命名的。

　　太平洋由于面积广阔，水体均匀，有利于形成行星风带，特别是在南太平洋。极地东风带和西风带气温和湿度相差悬殊，极地东风带锋面猛烈，尤其在冬季。西太平洋菲律宾以东、南海和东海洋面上，夏秋之间高温高湿产生的超低压中心容易引起台风，这也是潜水行程需要考虑的因素。海水的温度也是潜水行程规划时候要考虑的因素，一般来说北太平洋的海水温度比南太平洋高，这是因为南太平洋水域更广阔，受南极地区冰山及冷水团的影响。

图2-12　太平洋风光

太平洋的洋流在信风影响下自东向西运动，形成南、北赤道暖流。南、北赤道暖流之间的中轴线上产生相反的赤道逆流，从菲律宾东岸流向厄瓜多尔西岸。温暖而广阔的水域为海洋生物提供了良好的生长环境，除了拥有多个著名的渔场以外，还拥有中国海域、加利福尼亚海域、印度尼西亚海域、澳大利亚海域、菲律宾海域以及关岛、泰国、帕劳、马来西亚等著名潜水胜地。太平洋中，无论是植物还是动物都比其他大洋丰富。

知识链接

东南亚潜水后花园——菲律宾

菲律宾位于西太平洋，是东南亚一个多民族群岛国家，大小岛屿有7000多个，地处季风型热带雨林气候，高温、多雨、湿度大、台风多。年平均气温约27℃，东部的太平洋面是台风发源地，每年6月~11月多台风。菲律宾有当地语言，官方语言为英语。

图2-13　菲律宾海边

旅游业为菲律宾外汇收入的重要来源之一，菲律宾海底地形复杂多样，有数不尽的海底峡谷、断崖、沉船、珊瑚等。无论是入门潜水员还是高阶潜水员，菲律宾海域都能满足其需求。

知识链接

潜水胜地介绍——加拉帕戈斯

加拉巴戈斯群岛是世界最著名国家公园之一，隶属于厄瓜多尔，每年有大批潜水者到此游览。厄瓜多尔作为一个"赤道之国"，有西部沿海、中部山区、东部亚马孙河流域和加拉帕格斯四个区域，气候条件多样。

图2-14 加拉帕戈斯

加拉帕戈斯地处赤道，又正好处在秘鲁寒流前进的要道上，特殊的气候条件使得它成为地球上最神奇的地方之一，素有"生物进化活博物馆"之称，是达尔文进化论的灵感来源地。

加拉帕戈斯国家公园对于物种保护和国家公园管理的严格要求，在最大限度上保护了公园的原貌及完全自然的状态，使得若干年后我们看到的风景依然如此动人。潜水员需遵守每个潜水地区的要求，尊重当地的风俗。

小贴士

我们希望每一位潜水员都是充满活力，热爱海洋，热爱地球的人。潜水活动或多或少会对海洋产生影响，如果我们坚持"只带来气泡，只带走回忆"的环保潜水理念，就能够在享受海底美丽风光的同时，不给海洋带来伤害。练习中性浮力，在海底不触碰任何生物，做到对海洋的承诺，努力成为一个真正合格的潜水员。也有很多潜水员定期参加周围潜水俱乐部组织的清理海洋垃圾活动或海洋保育活动，相信在每一个潜水员的努力下，我们的家园会变得越来越好。

2. 印度洋

印度洋是世界第三大洋，位于亚洲、大洋洲、非洲和南极洲之间，约占世界海洋总面积的20%，平均深度仅次于太平洋，位居第二。印度洋的主要属海和海湾是红海、阿拉伯海、亚丁湾、波斯湾、阿曼湾、孟加拉湾、安达曼海、阿拉弗拉海、帝汶海、卡奔塔利亚湾、澳大利亚湾、莫桑比克海峡等。印度洋北至印度、巴基斯坦和伊朗，西至阿拉伯半岛和非洲，东至澳大利亚、印度尼西亚和马来半岛，南至南极洲。

印度洋上也有许多非常适合潜水的区域，如斯里兰卡、马尔代夫、埃及、塞舌尔等国家一直是潜水玩家的度假胜地。

知识链接

"上帝之泪"——马尔代夫

即使是没有出过国的人，也应该对马尔代夫耳熟能详，这个以美丽景色和度假村闻名的群岛国家，是进阶潜水员的梦想之地。在这里，能看到成群的鹰鲼舰队，有着最温顺的庞然大物鲸鲨，运气好的话还能和锤头鲨来次亲密会晤。

图2-15 马尔代夫

马尔代夫潜水可以选择在固定岛屿，或者选择船宿行程。马尔代夫全年都可潜水，通常建议的季节是11月至次年5月期间。马尔代夫水下地形复杂、水流湍急，需在教练的指导下制定适宜路线。

3．大西洋

大西洋是世界第二大洋，也是跨纬度第二多的大洋，平均深度约3600米，最深处波多黎各海沟深8000多米。从赤道南北分为北大西洋和南大西洋，再加上地中海、加勒比海、北海、波罗的海、墨西哥湾等附属海，可以说南北距离跨度非常大，其中包括北部的极地气候和西非及巴西沿岸的热带沙漠或雨林气候，在洋流、大气环流、海陆轮廓等诸多因素影响下，大西洋的气候多种多样。

图2-16　大西洋中的抹香鲸

4．北冰洋

北冰洋是世界最小、最浅、最冷的大洋。北冰洋位于地球的最北端，大致以北极圈为中心，被欧洲大陆和北美大陆环抱着。

北冰洋气温终年很低，多暴风雪。寒季（11月至次年4月）平均气温范围为-30°～-40℃，最低达-52℃；暖季（7月～8月）平均气温不足6℃。寒冷使得北冰洋生物种类较少，海洋食物链较为简单。

北冰洋的温度决定了没有经过相关训练的潜水员不可以在这个区域潜水，极低的温度会给潜水员带来很多危险。在寒冷地区潜水，至少应具备冰潜专长和干衣专长，同时需要具备适合冰潜的装备（尤其是调节器），最好选择全面罩产品，可以覆盖全脸。

图2-17　北冰洋的住客们

在北冰洋，你可以看到可爱的北极熊，圆滚滚的海豹，硕大的鲸鱼。让我们伴随着静谧和气泡来探索冰面下不可思议的世界。

七、中国主要潜水区域介绍

中国四大海域为黄海、东海、南海、渤海，跨温带、亚热带和热带，自北向南呈弧状分布，是北太平洋西部的边缘海。

1．黄海

黄海是太平洋的边缘海，流入的河流携带泥沙较多，近岸海水呈黄色。水温夏季大约25℃，冬季为2～8℃。能见度良好时可达到15米，沿岸能见度较差。辽东半岛、山东半岛和朝鲜半岛西海岸曲折，多港湾岛屿。黄海寒暖流交汇，水产丰富，有著名的渔场，盛产黄鱼、刀鱼等。

2．东海

东海位于黄海的南面，北起中国长江口北岸到韩国济州岛一线，南至广东省南澳岛到中国台湾本岛南端。冬季，南部水温在20℃以上，有着世界著名的舟山渔场，盛产大黄鱼、小黄鱼、刀鱼、墨鱼等。

3．南海

南海是我国最深、面积最大的海，也是仅次于珊瑚海和阿拉伯海的世界第三大陆缘海，平均水深1212米。南海四周大部分是半岛和岛屿，由于注入南海的河流含沙量很小，所以南海总是呈现碧绿或深蓝色。南海是我国海区中气候最温暖的热带海洋，表层水温高达28℃，且年温差小，终年高温高湿，长夏无冬，非常适合潜水。

南海的自然地理位置非常有利于珊瑚繁殖，所以在南海珊瑚礁区域可以看到大量的海洋生物。

海南、广东、广西等省区，全年大部分时间都可下海潜水。

图2-18　热带岛屿

4．渤海

渤海是一个近封闭的内海，地处中国大陆东部北端，三面环陆，分别与辽宁、河北、天津和山东三省一市毗邻，东面与黄海相通。渤海海域平均水深18米，天津、秦皇岛、东营等城市地处渤海沿岸。

八、潜水类型

在普通休闲潜水中，通常有海水潜水和淡水潜水两类。

1．海水潜水

海水潜水是最常见的潜水类型，海中物种丰富，风景壮丽。在海水中潜水会遇到多种平时无法接触到的海洋生物，同时享受海岛风光。海南便是非常典型的海水潜水环境。

2．淡水潜水

在远离海边的内陆地区，依然可以潜水。一些湖泊、宽广的河流以及废弃的人工矿坑都可以成为潜水的地点，可以在这些潜水地点练习潜水技术、观赏淡水生物。

小贴士

需要注意的是，中国有很多区域属于水源保护地，包括生活饮用水水源地、风景名胜区水体、重要渔业水体和其他有特殊经济文化价值的水体。这些情况需在规划潜水时确定清楚，潜水行程务必要符合当地法律法规。为了潜水行程更为合规，也为了自身安全，必要时需向当地相关部门备案此次潜水行程。

休闲潜水中，除上述两类潜水外，还有一些特殊环境的潜水。分述如下。

1．高海拔地区潜水

高海拔地区潜水通常是指在海拔高于海平面300米的区域进行潜水，在高海拔地区，要根据压力不同做出与普通休闲潜水不同的潜水计划，需要进行针对性的专长学习。市面上一些潜水电脑也有专门的"高海拔模式"，具体请询问您的教练关于高海拔地区潜水专长信息。在云南、西藏等地区进行潜水，需要接受高海拔潜水的训练。

2. 洞穴潜水

洞穴潜水是必须经过专业培训和严格训练才能进行的潜水项目，对于复杂洞穴必须是经过专门的技术潜水训练才可进入。我国的广西便有世界著名的洞穴潜水胜地。

3. 沉船潜水

沉船潜水一般是指不进入船体内部的潜水活动，而进入船舱的潜水需要更加专业的训练，甚至有些船舱是根本不允许进入的。沉船潜水专长详情，请询问你的教练。具体沉船的信息及要求，需询问当地潜导。

图2-19　洞穴潜水

图2-20　沉船潜水

九、常见的海洋生物

海洋生物是指生活在海洋里的物种，包括海洋微生物、海洋植物、海洋动物。

1．无脊椎动物

无脊椎动物有很多种，如腔肠动物、线虫、铠甲动物、软体动物、节肢动物以及棘皮动物等。

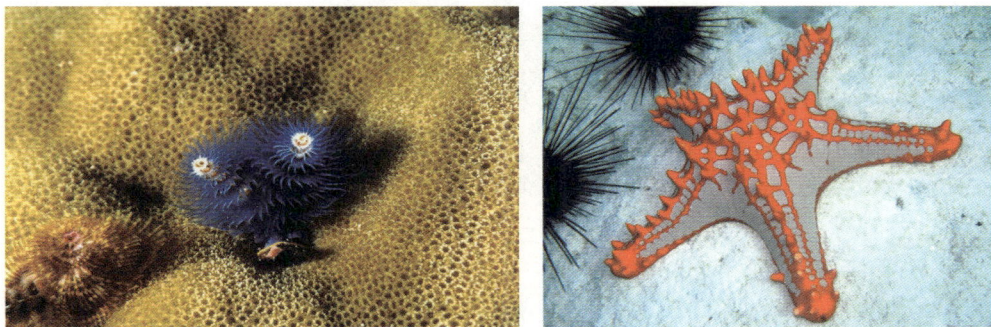

图2-21 海洋中的无脊椎动物

下面我们来介绍几种潜水中常见的无脊椎动物。

（1）珊瑚

珊瑚属于腔肠动物，可以说是海洋生物链中非常重要的一环。

珊瑚礁是由造礁珊瑚及其他造礁生物共同形成的，主要化学成分为碳酸钙（$CaCO_3$）。造礁珊瑚生活在温暖的海洋里，一般为群居，造礁珊瑚与某些藻类形成共生关系，这些藻类为珊瑚提供养分和氧气，而珊瑚排出的二氧化碳又促进了藻类的光合作用。藻类需要在有阳光的地方进行光合作用，所以大部分的造礁珊瑚是生活在能见到阳光的区域。

图2-22　珊瑚

（2）海葵

海葵形态繁多，附着在礁石、海底或贝壳上，伸出繁多的触手，好像一朵盛开的花朵，随着水流摇曳。海葵多数栖息在浅海和沿岸的浅水处或石缝中，少数生活在深海。海葵口盘的中央是口，四周是触手，触手数量通常十几个，多的有千个以上。如果感兴趣可以数一下，一般海葵触手以6为倍数，环生在口的周围。海葵美丽的触手中有着毒性刺细胞，当小小的海生物路过海葵时，往往会被触手麻痹而成为海葵的盘中餐。

（3）海兔

海兔（Nudibranch）是一种软体动物，也是海中常见的居民，受到广大潜水爱好者的喜爱。海兔，又称海蛞蝓，是螺类的一种，属于浅海生活的贝类，因为头上两个触角突出好像小兔子一样而得到"海兔"的称呼。

大部分的海兔以海藻为食，对周围环境有很好的适应能力，它们吃过某种海藻后，很快能以这种海藻的颜色为保护色而进行改变，使自己的花纹、体色和周

图2-23 海兔

围环境中的海藻极为相似。

海兔有非常多的种类，从小米粒大小到脸盆大小的海兔都有。生活的深度也多种多样，从非常浅的水域到2500米深的水域都有分布。

（4）水母

在海洋中栖息着很多漂亮的"幽灵"，它们像一朵朵透明的伞，有着长长的触须，在水中飘荡，它们就是水母（Jellyfish）。

水母身体的主要成分是水，它的前进也是靠着喷水的反射力。有些水母的伞状上有着各种颜色的花纹，有些水母甚至会在水中发光，十分美丽。水母的生活环境多样化，在浅海、深海、热带、寒带、均有水母的踪影，甚至有些淡水湖里都会有水母。

图2-24 水母

水母虽然很美丽，但是它也是令潜水员头疼的所在。绝大部分的水母都有刺细胞这一"武器"，如果潜水员在没有保护的情况下碰到它们的触须，便会立即出现皮肤的刺痛或红肿，严重时甚至会导致过敏，晕眩，呼吸困难。世界上最毒的水母叫作僧帽水母，长得像一个喇嘛的帽子，平时像一个小帆船一样漂在水面，长长的触须在水底。长达9米的触须分泌出神经毒素，只要被蜇到，立刻会感觉到剧痛，随之会出现血压骤降，呼吸困难，神志逐渐丧失，全身休克，最后因肺循环衰竭而死亡。

在有水母的水域潜水一定要穿好湿衣或皮肤衣，谨防水母刺伤。建议不要在僧帽水母或箱水母的高发区进行潜水活动。

（5）海百合

在海洋中常见的无脊椎动物还有很多棘皮动物，如海星、海胆、海参、海百合等。其中海百合（Sea lily, Feather star）以多种色彩及在水中妖娆的摆动姿态，受到潜水员的喜爱。棘皮动物都没有明显的头部，成体像一株植物，辐射伸出五个腕，每个腕基部再分成多个腕，腕的两侧有羽枝。

图2-25 海百合

有些种类的海百合固着在深海中，有些可以在浅海中暂时附着，也可以随着水流运动。海百合主要以浮游生物为食，具有很强的再生能力，失去腕部甚至部分体盘后都可以再生。

2．脊索动物

脊索动物门是动物界中最高等的一个类群，是非脊索动物进化而来，目前有头索动物，尾索动物和脊椎动物三个亚门。我们常见的鱼类、海马、海龟、海蛇、海鸟、鲸鱼、海豹、海豚等都属于脊索动物。

图2-26　脊索动物

下面我们来介绍几种潜水中常见的脊椎动物。

（1）小丑鱼

小丑鱼（Clownfish/Anemonefish）是与
海葵共生的一种鱼类，它们对海葵的触手
上的毒免疫，借助海葵的触手保护自己
的家人，它们也帮海葵清理残留物和寄
生物，并以此为食，双方形成互利共生关
系。小丑鱼大多生活在水质清澈、光线充足、

图2-27　小丑鱼

深度在50米以内的水域，主要分布于太平洋与印度洋。

（2）蓝鲸

蓝鲸（Blue Whale）是人类已知的世界上最大的哺乳动物，全身呈蓝灰色。成年蓝鲸一般体长可达20米以上，体重有100多吨。

蓝鲸分布于各大海洋中，接近南极附近的海洋中数量较多，热带水域较为少见。它们主要以磷虾等为食。在我国黄海、东海、南海都有过发现蓝鲸的记载。

图2-28　蓝鲸

但是由于人类的猎杀活动，全球蓝鲸数量急剧减少，直到国际开始实施蓝鲸保育计划后，才开始有所回升。

（3）抹香鲸

抹香鲸（Sperm Whale）因它肠道里的分泌物而出名，就是著名的"龙涎香"。抹香鲸头部巨大，游动能力非常强，潜水能力也极强，深潜时可达2200米，是潜水最深、时间最长的哺乳动物。成年抹香鲸体长可达10米以上。

抹香鲸广泛分布于全世界不结冰的海域，由赤道一直到两极不结冰的海域都可发现它们的踪迹。抹香鲸的出没也比较好辨认，由于它只有左侧鼻孔可以用来呼吸，右侧鼻孔天生阻塞，所以抹香鲸喷出的水柱总是向着左前方45°的。

抹香鲸的最爱是乌贼和章鱼，寿命大约70年，最长可达一百多年。但是它一胎仅能生产一个宝宝，偶尔才能产两个，所以族群很难发展壮大。2012年，世界自然保护联盟（简称IUW）正式将抹香鲸列入《世界自然保护联盟濒危物种红色名录》的"易危"级别。

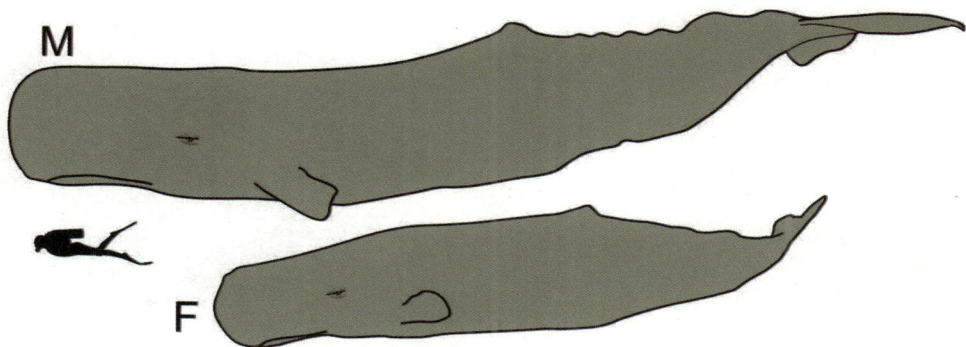

图2-29 成年雌雄抹香鲸对比

（4）虎鲸

虎鲸（Orcas）也称杀人鲸、逆戟鲸，位于海洋食物链的顶端，是当之无愧的海中霸王，在自然界中没有天敌，寿命可达80～90岁。在大自然环境中生存的虎鲸背鳍高高竖起，非常威风，它们游速飞快，可达到时速55千米，是海洋中天生的猎手，但是目前无野生虎鲸攻击人类的记录（当然这并不意味着潜水员可以肆意挑衅它们）。

图2-30 虎鲸

虎鲸生活范围以极地和温带海域为主，在全世界范围都有可能幸运地偶遇它们。虎鲸是一种非常聪明的高度社会化动物，它们有着稳定的家族群体，离开父母子女的虎鲸有可能罹患抑郁症。聪明的虎鲸们能在觅食时采取团体配合围猎的方式，甚至会利用技巧围猎鲨鱼。

（5）海豚

海豚（Dolphin）是海中最广泛被人了解的生物之一，它们聪明、热情、友好的形象在很多文学或影视作品中都有体现，经过训练的海豚甚至可以执行军事侦察任务。海豚是社会性的动物，喜欢群聚出没，主要栖息于热带的温暖海域，在我国海域里也能见到一些海豚的身影，它们有时会调皮地追逐渔船和游泳的人类，不时跃出水面。海豚科所有属种都列入中国《国家重点保护野生动物名录》，其中，中华白海豚是国家一级保护动物，其他海豚是国家二级保护动物。

图2-31　海豚

（6）儒艮

儒艮（Dugong）是一种非常可爱的草食性动物，它们生活在水草茂盛的地方，喜欢用前肢抱着宝宝哺乳，容易被人认为是人类，所以它们还有一种更广为人知的外号"美人鱼"。儒艮喜欢水质良好，水生植物充沛的海域，主要分布于西太平洋及印度洋，在我国广东、广西等地也有出没。现在儒艮是我国国家一级保护动物。

图2-32　儒艮

（7）海龟

海龟（Turtle）是海洋龟类的总称，它们是最古老的爬行动物之一。海龟广泛分布于大西洋、太平洋及印度洋，目前全世界有7种海龟，我国便有其中的5种，主要分布在西沙群岛和广东、三亚地区。不同区域的海龟对食物的偏好会有不同，水母、海鞘、海藻、海草等都可以成为海龟的食物。

海龟是用肺部呼吸的，所以隔段时间需要到海面换一次气，我们在较浅水域便能看到海龟，有时浮潜都可以看到。它们在繁殖季节会在晚上爬上沙滩产卵并用沙子覆盖，然后爬回海中，孵化出来的小海龟会自己爬回大海。

海龟是国家级保护动物。

小贴士

看到海龟游到水面换气请不要去追逐驱赶它，也不要触碰它的身体，这样海龟会受到惊吓不换气直接游回海底。长期不换气会导致海龟窒息。

（8）蝠鲼

蝠鲼（Manta）也叫魔鬼鱼，是一种庞大的热带鱼类，学名叫前口蝠鲼。它长着两个突出的头鳍，长长的尾巴，游动时像一个翩翩起舞的精灵。蝠鲼和魟都有长长的尾巴，但是魟的尾巴上是有剧毒的，而蝠鲼的尾巴上仅有微弱的电流。它们一般能跳出水面一米多高，在繁殖季节，常能看到魔鬼鱼跳出水面的身影。

魔鬼鱼多分布于热带和温带各海区，我国的东海、南海也能看到。它们有洄游的习惯，所以每年大约六七月份时候在福建、浙江沿海能看到它们，可能八九月份便到了黄海。年底时再游回浙江沿海，十二月到第二年初再沿原来路线南下。

目前前口蝠鲼均被列入《濒危野生动植物种国际贸易公约》（CITES）。

（9）翻车鱼

翻车鱼（Mola Mola/Ocean Sunfish）也叫太阳鱼，月亮鱼，曼波鱼。它长得非常奇怪，好像只有一个巨大的头部，鱼身和鱼腹上各有一个长而尖的鳍，而尾部非常短，好像被刀削掉一半。翻车鲀为大型大洋性鱼类，最大体长可达3～5米。

图2-33 翻车鱼

翻车鱼也是非常可爱的鱼类，喜欢侧躺在海面晒太阳或月亮，所以也有太阳鱼、月亮鱼的称号。翻车鱼性情温顺，由于笨拙且不善游泳，常常被海洋中其他鱼类吃掉。

翻车鱼喜欢栖息于各热带、亚热带海洋，也见于温带或寒带海洋。中国沿海地区也经常可以见到它们的身影。

（10）麒麟鱼

麒麟鱼（Mandarinfish/Synchiropus splendidus）是非常受欢迎的一种小鱼，有着鲜艳色彩和花纹，性格羞涩，生活在硬珊瑚中，在太平洋的一些温暖水域中生存。世上已知由于细胞色素而显蓝色的脊椎动物一共有两种，麒麟鱼便是其中之一。

图2-34　麒麟鱼

麒麟鱼的名字由来是因为它有着像清朝官服上的花纹一样繁复美丽的花纹。它一般只有在黎明或者黄昏时候才会从栖身之地游出来闲逛或交配，很多潜水员为了它而特意安排"黄昏潜"。

麒麟鱼藏身的珊瑚礁一般不超过18米，潜水员会在黄昏没有天黑时候去找它们，在自然光下可以看到它们，或者用专门的红光手电来打光，普通手电或闪光灯会惊吓到它们。

在交配期，一大一小两条鱼会选择在黄昏一同游出栖息地，同步向上方游动，将卵排出体外完成交配。

十、淡水生物介绍

我国淡水资源丰富，分布在中国淡水（包括沿海河口）的鱼类有上千种。其中以鲤鱼、鲢鱼、草鱼、青鱼为最常见，此外还有鳝鱼、鼋鱼等。

图2-35 淡水鱼

第三单元

认知潜水

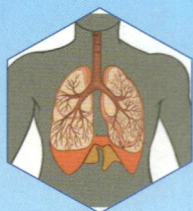

在完成前两单元的学习后，现在开始了解在水中物理学定律将怎样影响潜水者的身体。在水中和在陆地上人们的感觉是完全不同的，作为潜水员的你，应该更加了解这些知识。

本单元的学习内容：

※ 水的浮力——阿基米德原理

※ 压力体积变化

※ 气体分压——道尔顿定律

一、水的浮力——阿基米德原理

我们在学习物理时学过阿基米德原理，物体受到的浮力等于它排开水的质量。所以液体密度越大，物体受到的浮力越大，海水的密度一般为1.02~1.07千克/立方米，而普通的水只有1千克/每立方米，这就是在海水里的浮力比在淡水泳池的浮力更大的原因。

就物体而言，体积大质量轻的物体在水中排开水的质量比它本身质量大，则物体就会浮起；而体积小质量大的物体在水中排开水的质量比它自身质量小，物体就会下沉。所以水中的物体有三种状态：正浮

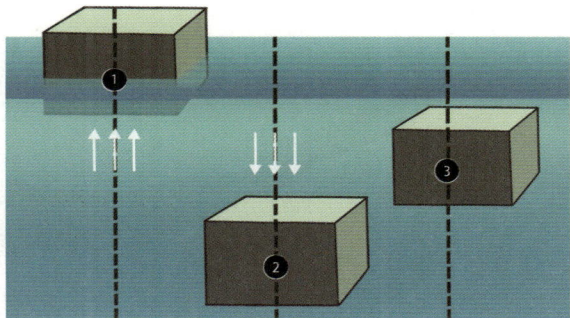

图3-1 三种浮力状态图

力、中性浮力和负浮力。这也是潜水中的三种状态。

正浮力Positive Buoyancy：物体质量小于排开液体质量，物体会上浮。潜水员在下潜前或潜水结束以后应该充满BCD漂在水面休息，此时的状态是正浮力状态。

中性浮力Neutral Buoyancy：物体质量等于排开液体质量，物体会悬浮在水中保持平衡。而潜水员在经过学习和练习后，应该可以在水中任意位置停留，保持住这种状态不上不下，这时潜水员便是达到了中性浮力。这种状态是潜水员在潜水过程中应该调整自己达到的状态。

负浮力Negative Buoyancy：物体质量大于排开液体质量，物体会下沉。潜水员在下潜过程中是负浮力状态，所以会一直向海底方向下沉。但是在到达预定深度时潜水员要调整至中性浮力状态，要避免全程负浮力状态。

图3-2　错误中性浮力示范

图3-3　正确的中性浮力姿势

图3-4　达到中性浮力状态的潜水员

二、压力体积变化

【讨论】在生活哪些场景中，会感觉到气体压力的存在？

1. 压力的变化

在陆地上受到的压力是大气压，因为空气压力在所有方向上都是一样的，所以除了坐飞机等压力急剧变化的少数情况，平时在陆地我们无法明显感觉到压力的存在。而当我们移到水中时，由于水是有质量的，所以会感受到水压，身体也能感觉到这种压力带来的不同感觉，如鼓膜会有压迫感，如果深度快速增加，鼓膜甚至会有疼痛的感觉。

空气的质量是大约1.293克/升，而每升淡水的质量为1千克，每升海水的质量为1.025千克。由此可见，水的质量是空气的792倍。陆地上的气压为一个大气压，我们把它叫作1bar（读音：1巴）或一个大气压，我们认为海平面的压力为1bar。水的密度和质量都远大于空气，所以在海水中，深度每增加10.2米，便会增加1bar的压力，为了方便计算，我们将每增加10米的深度，按照增加1bar的压力进行计算。再加上大气的压力，当你在10米的水深，身体承受的压力是2bar。

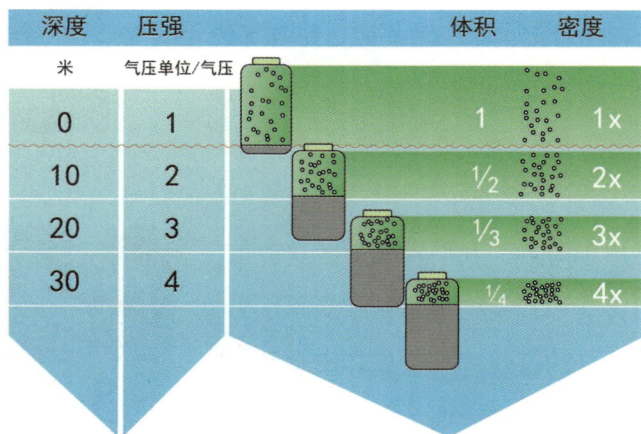

深度	压强		体积	密度
米	气压单位/气压			
0	1		1	1x
10	2		1/2	2x
20	3		1/3	3x
30	4		1/4	4x

图3-5 不同深度压力对比图

2．波义耳定律

我们上学时候曾经学过气体压力、密度和体积之间的关系。当我们带着一颗充满的气球下潜，当到达10米时周围压力为水面的两倍、气球内的气体密度也变成两倍、气球体积变成原本的一半；从水下上升也是一样的道理，我们在水下10米把一个气球充满气，当上升到水面时压力减半、密度减半、气体体积变成两倍。这就是著名的波义耳定律。

波义耳定律公式：$P_1 \times V_1 = P_2 \times V_2$

P_1：初始压力

V_1：初始体积

P_2：变化后的压力

V_2：变化后的体积

这个等式表示，随着体积的增加，气体压力相应减小。

3．波义耳定律对人体的影响及预防

人体中60%～70%是水（儿童甚至可以达到80%），液体不会随着压力增大或减小而压缩或膨胀。但是人体内的气体却容易随着气压的变化而产生变化。人体内存在着大大小小的空腔，小到牙齿中的龋齿形成的空腔，大到肺部，都会随人体外部压力的变化而变化。

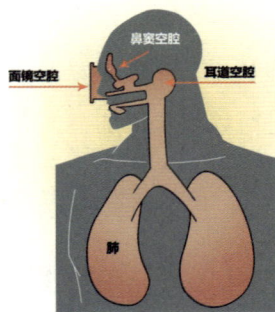

图3-6　空腔图

4．挤压伤

当压力急剧增加时候，我们身体中的空腔可能会出现挤压伤害。如耳朵能很容易感受到压力的变化，下潜或上升的过快都会造成耳膜和鼻腔的疼痛，所以在感受到疼痛之前就要及时进行耳压平衡。

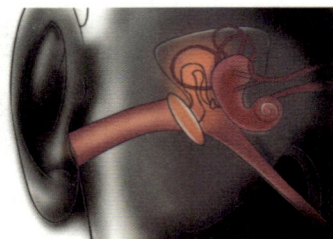

图3-7　耳道图

耳膜又称鼓膜，为一椭圆形半透明状薄膜，位于中耳鼓室与外耳道交界处，将外耳道和中耳腔进行分隔，并阻挡保护外耳道的异物。这层膜和它的结缔组织对挤压比较敏感，极小的压力变化都有可能发生挤压伤，如果不及时做耳压平衡，这层薄膜受到过大压力破裂后冷水会灌进耳道造成眩晕。如果潜水后耳朵仍然疼痛，或者有耳道出血的症状，请及时就医。

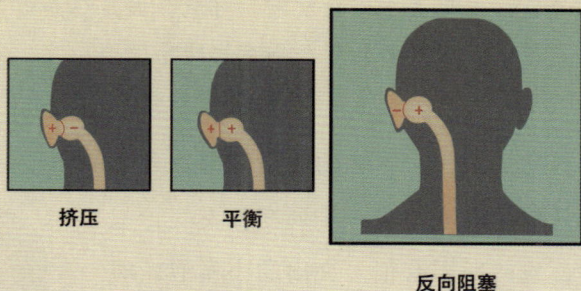

挤压　　　　平衡

反向阻塞

图3-8　耳道压力

小贴士

水深0～10米压力的变化是最大的（想象你耳腔内体积变为1/2，鼓膜受到压力突然增加1倍），所以在下潜初期我们需要频繁地做平衡耳压的动作。

还有一处容易受到压力影响的人体器官便是鼻窦。鼻窦又称鼻旁窦、副鼻窦，是鼻腔周围多个含气的骨质腔。分别为上颌窦、额窦、筛窦和蝶窦，均以小的开口与鼻腔相通。鼻窦的主要作用是湿润和温暖吸入的空气，并且对人的脸部造型、支撑头颅内部、发声共鸣等方面都起重要作用。鼻窦里窦的黏膜都与鼻黏膜相连，并且布满毛细血管，如果

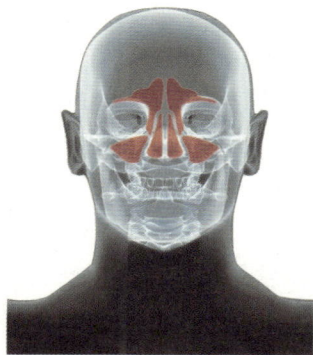

图3-9　鼻窦图

鼻窦内外的气压差突然变化过大，会使鼻腔鼻窦内黏膜血管扩张破裂出血，发生气压性损伤。

⚠️ 请不要在感冒的时候潜水，你会发现耳压非常难平衡。而且感冒药可能会使你昏昏欲睡，反应迟钝，这个时候，请好好休息，感冒恢复以后再来进行潜水吧。还有龋齿看起来极小，但在牙齿空缺的地方也形成小小的空腔，可能会因挤压而疼痛难忍。在计划潜水行程前，也有必要拜会一下您的牙医哦。

第三个容易受到压力影响的便是肺部。人体的肺部是由几亿个肺泡组成，排列在肺支气管末端膨大成囊，囊的四周有很多突出的小囊泡，即为肺泡。肺部容量相对比较小，而肺泡的表面积却很大，很薄的肺泡壁在压力突然产生比较大的变化时便很容易受到损伤。

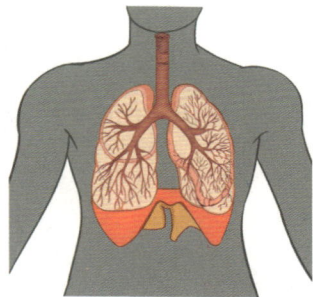

图3-10　肺部示意图

5. 装备挤压

除了人体的空腔，水压也会影响到装备与潜水员身体接触而形成的所有空腔，例如防寒衣、面镜。

面镜是属于与身体接触的装备造成的空腔，同样有平衡的需要。可以请教练帮你选择一款适合你脸型的面镜，下潜过程中通过用鼻子轻轻往面镜中吹少量的气体来达到平衡。

防寒衣也要注意选择适合自己的尺码，过小的防寒衣会对呼吸造成困难，过大的防寒衣则会因为水压而仅仅贴在身上，不规则的褶皱会在皮肤上造成挤压痕迹。

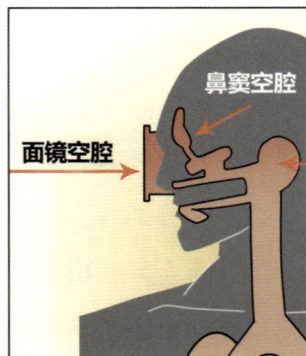

图3-11　水压对戴在脸上的面镜的影响

6. 压力平衡的方法

（1）瓦尔萨尔瓦/阀式平衡法

瓦尔萨尔瓦（Valsalva）法指捏住鼻子，用擤鼻涕动作轻轻往耳道里鼓气的方法。这是初学潜水时候教练交给你的第一个方法，这个方法简单易学且很有效，请注意不要过于用力地鼓气。

（2）汤因比法

汤因比法（Tovnbee）法指捏住鼻子做吞咽动作来感受耳咽管被肌肉牵动的方法。在升水时候做这个简单的动作可以有效平衡耳压。

潜水时，很重要的一点就是要慢，无论下潜还是升水，请尽量地慢。如果感觉到压力造成疼痛，请回到原位置，重新做平衡并缓缓下潜或上升。

7. 扩张伤害

在上升过程中波义耳定律也同样适用，当上升过程中压力变小，气体体积便会迅速扩张。

体积迅速扩张的气体会造成：

（1）过度扩张伤害

过度扩张伤害（Overextended Injure）是在憋气上升过程中最常见的结果。呼吸气体在上升过程中体积增大，超过肺部能够伸展的范围，就会出现过度扩张伤害。潜水员需要缓慢而均匀地呼吸来避免它。

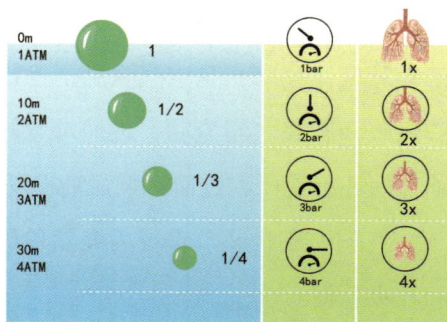

图3-12　气球、肺部随水深变化图

第一条安全准则是：在潜水过程中绝不能憋气。这对潜水员来说极其重要，尤其在深度发生变化的上升途中，憋气会对肺部造成过度扩张伤害。

（2）动脉气体栓塞（AGE）

动脉气体栓塞（Arterial Gas Embolism）是由循环系统中的一个或多个空气气泡或其他气体引起的血管阻塞，这是潜水中最严重的伤害之一。

肺部扩张伤害可能会造成动脉气体栓塞。由于肺气压伤，气体会从肺泡毛细血管中逸出，通过动脉循环到身体的其他部分，在上升过程中小气泡随着压力

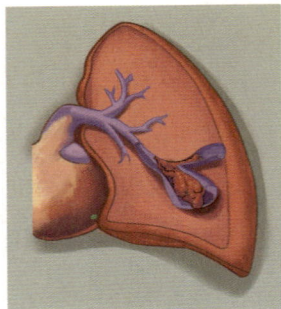

图3-13　动脉气体栓塞

减小会体积变大，最终形成栓塞阻碍人体循环。如果气体在大脑中形成栓塞，会造成严重后果；大脑如果供氧不足，短短几分钟便会形成不可挽回的伤害。

动脉气体栓塞最明显的症状是失去意识或者突然疑似中风，通常发生于潜水员到达水面之前或者到达水面之后的六分钟之内。

（3）气胸

气胸（Pneumothorax）的严重性仅次于动脉气体栓塞，是空气从肺泡逸出，在肺隔膜和胸腔之间流动，进而导致肺部塌陷，使心脏受压，进而影响血液循环。

气胸的症状通常表现为突然单侧胸痛和呼吸急促。

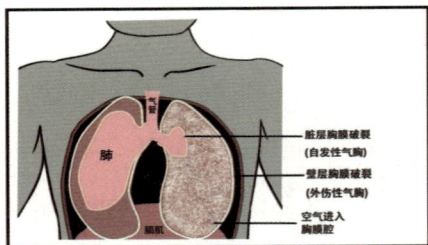

图3-14　气胸

（4）皮下气肿

皮下气肿（Subcutaneous Emphysema）通常发生在胸部、颈部和面部，是小气泡沿着筋膜从胸腔移动，或者沿着气管向上移动进入颈部周围。

皮下气肿触摸时有特征性"噼啪"声的感觉，皮下肿胀按压时便可感觉到，可能会伴随着呼吸困难。

（5）纵隔气肿

纵隔气肿（Pneumomediastinum）是空气从肺部逸出进入心脏纵隔膜，使心

脏周围血管受压。

纵隔气肿发生时患者会感觉到胸痛、呼吸困难，由于心脏周围的血管受到挤压，嘴唇和指甲会由于循环困难而发青。

> ⚠️　　要注意控制上升速率，每分钟不超过9米。在紧急情况下上升速度的极限也尽量不要超过每分钟18米。

我们应该通过控制上升速度来预防过度扩张伤害，在感冒时也尽量不要潜水，阻塞的呼吸道也可能会导致气体栓塞。如果你的肺部曾经有过肺炎、肺结核等病状，或者肺部有过疤痕组织，须在健康声明中如实反映，并咨询医生是否可以进行潜水活动。

如果你自己或者潜伴出现如下症状：

※ 失去意识或昏迷

※ 突然头痛

※ 眩晕

※ 视觉、听觉出现问题

※ 失去对身体的控制

※ 呼吸困难或嘴唇、指甲发青发紫（确定不是因为寒冷造成）

请立即报告教练或潜水长，并协助有资历的人士急救，联系当地的医疗机构。有急救和供氧资格的人士可以提供紧急供氧，并在必要时提供CPR心肺复苏，尽快将患者送到周围的医疗机构就诊。

潜水员须了解如何帮助出现意外的潜伴，如何进行紧急供氧、CPR心肺复苏等措施，如您对这些内容感兴趣，请选择救援潜水员专长课程，更多详情，请询问您的教练。

三、气体分压——道尔顿定律

知识链接

道尔顿分压定律（也称道尔顿定律）描述的是理想气体的特性。这一经验定律是在1801年由约翰·道尔顿所观察得到的。在任何容器内的气体混合物中，如果各组分之间不发生化学反应，则每一种气体都均匀地分布在整个容器内，每种成分的气体在混合气体中所占的百分比是不变的。也就是说，一定量的气体在一定容积的容器中的压强仅与温度有关。

1. 气体构成

在水下潜水员呼吸的压缩空气成分与空气完全相同，是普通空气经过干燥、压缩处理后填充到气瓶中的。

空气是由约21%的氧气和约79%的氮气组成，还有不到1%的二氧化碳和稀有气体。在潜水中，为了计算方便，默认气瓶中气体就是21%的氧气和79%的氮气。

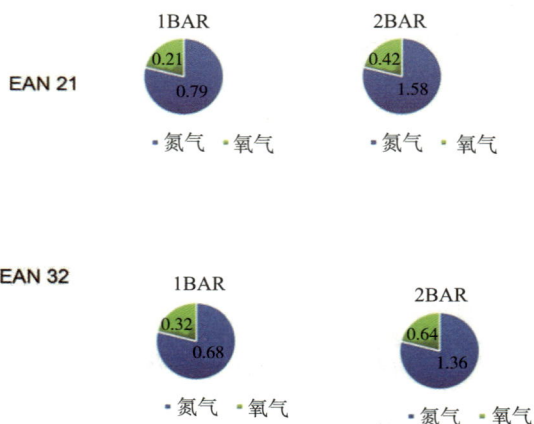

图3-15　氧气分压

如果是高氧气瓶，就需要对气瓶中氧气含量进行测试，休闲潜水中常用的高氧气瓶一般是EAN32到EAN40。EAN32是指气瓶中氧气含量大约是32%，氮气含量是68%；EAN40是指气瓶中氧气含量大约是40%，氮气含量是60%。

2．气体分压

在混合气体中，相同温度下每种气体成分在原始气体中都有一个气体分压值，表示这个成分在气体总体积中的含量。根据亨利定律，混合气体的总压力是各种成分气体分压的总和，气体的分压与该气体溶在溶液内的浓度成正比。

由此可以得知，我们所用气瓶中的气体分压是该气体浓度与压力的乘积。

亨利定律公式：$Pg=Hx$。

比如我们在10米深度呼吸的普通气瓶中，氮气分压为1.58bar。

对于可溶于水的气体，在与液体接触的气体的分压和液体内部溶解的气体之间的压力差，就是压力梯度。压力梯度越高，则液体吸收气体的速度越快；随着液体吸收气体后与所接触气体之间压力差变小，压力梯度下降，气体溶于液体的速度变慢。当液体和接触气体之间压力梯度为0时，我们称液体达到该气体的饱和状态。

3．快组织与慢组织

并不是所有人体组织吸收氮气的速度都是一样的，不同组织有着不同的吸收和排放速度，这和"血流灌注"有着极大的关系。血流灌注是指单位时间内流入器官内的血液量。高灌注的组织通常是接收大量血液的组织，这种组织氮气会迅速溶解和释放，这些组织理论上被称为"快组织"。相反，低灌注的"慢组织"的氮气溶解和释放较慢。

而氮气是不参与人体新陈代谢的，仅仅是被人体组织吸收。当在高压环境中，人体吸收的氮气也是比在陆地上更多的，并且随着时间的进行，吸收溶解在组织中的氮气会更多。而快要结束潜水深度逐渐变浅的时候，氮气又会逐渐逸出，随着呼吸排出体外。

小贴士

对于人体吸收和释放氮气的过程目前还没有很精确的定论，普遍认为，脂肪会吸收更多的氮气，而孕妇体内的胎儿对氮气的吸收和释放还没有明确的结论，所以孕妇是不可以潜水的。

这个时候，如果潜水员上升速度过快，氮气在体液中逸出速度过快，就会在组织和血液中形成很多小气泡，这些小气泡对于潜水员来说是非常不利的，我们叫它"减压病（DCS）"。减压病，也称潜水夫病或沉箱病，最常见的是水下上升期间，或者乘坐飞机期间外部压力骤然降低引起的，与动脉气体栓塞合称为减压疾病。

4．减压病

（1）减压病症状

减压病对潜水员来说是严重的病症，由于气泡可能出现在身体的任何部位，并且可以发生转移，所以减压病可能产生很多症状，如下表所示。

表3-1　减压病的征兆及症状

减压病的征兆及症状		
DCS类型	气泡位置	征兆及症状（临床表现）
肌肉骨骼	基本在大关节处（手肘，肩膀，手腕，膝盖，脚踝等）	·局部剧痛，从轻微到难以忍受。有时会有阵痛，但很少有尖锐的疼痛。 ·关节主动活动或被动活动都会加剧疼痛 ·如果弯曲关节，找到一个比较舒服的姿势，可能会减轻疼痛 ·如果是由海拔引起的症状，疼痛可能会立即发生，也可能会数小时后发生
皮肤型	皮肤	·瘙痒，通常发生在耳朵，面部，颈部，手臂和上躯干 ·小虫子爬过皮肤的感觉 ·皮下花纹状纹路（状似大理石）通常发生在肩膀，上胸部和腹部周围，并且伴有瘙痒的感觉 ·皮肤浮肿，伴有轻微疤痕状皮肤凹陷（指压性水肿）

续表

表3-1　减压病的征兆及症状

减压病的征兆及症状		
DCS类型	气泡位置	征兆及症状（临床表现）
神经系统	脑部	·感官转变，产生知觉扭曲与幻觉，刺痛或麻木，感觉过敏 ·混乱或记忆丧失 ·视觉异常 ·不明原因的情绪或行为改变 ·癫痫发作，失去意识
	脊髓	·腿部无力抬起或瘫痪 ·大小便失禁
全身	全身	·头痛 ·不明原因的疲劳 ·全身不适，局部疼痛
耳部	内耳	·失去平衡 ·眩晕，头晕，恶心，呕吐 ·丧失听力
肺部	肺部	·干咳 ·胸腔下部灼痛，呼吸时加重 ·呼吸急促

知识链接

　　虽然在身体任何部分都可能形成气泡，但减压病最常见于肩部、肘部、膝盖和脚踝等关节处，占减压病病例的60%～70%，肩部是其中最常见的。神经系统症状占到10%～15%，其中头痛和视觉障碍是比较常见的。皮肤病症大约占10%～15%。肺部减压病（窒息等症状）在休闲潜水是比较罕见的。

　　100多年前，人们注意到，长期从事水下工作的人饱受"沉箱病"折磨，进而开始研究"沉箱病（弯曲症）"，也就是现在我们所说的减压病。目前大家公认现代减压理论奠基人哈登（John Scott Haldane）和伯特（Paul Bert）的研究成果至今仍对潜水生理学的研究起到重要作用，哈登于1907年发表了第一份潜水计划表。

但是减压病的形成较为复杂，一直处于被持续研究的阶段，时至今日相关理论仍然在不断发展完善中。

减压生理学的研究范畴包括人体如何吸收和释放溶解于血液和组织内的气体，以及这些气体可能造成的后果，预防及应对措施。根据潜水计划表发展出来的减压模式是目前预防减压病的唯一办法，下面来了解下减压病的形成及减压模式。

（2）形成原因

气体分压下体内的氧气和氮气都处于饱和状态，根据亨利定律，人体吸收的氮气量与气体分压成正比，在深度为10米的地方，肺泡中氮气分压为1.58bar。这比起水面的0.79bar多了一倍，这便形成一个压力梯度，会使氮气扩散到肺组织，被吸收到血液中运送至全身。压力梯度越大，氮气溶于血液的速度就会越快。

而一旦潜水员开始上升，这些饱和的气体（氧气和氮气）便开始逐渐释放，氮气和少量惰性气体会形成微气泡，随着周围压力的减小，微气泡会逐渐变大并与周围的微气泡结合，直到破裂后进入静脉系统，随着血液循环回心脏。进入肺泡中的

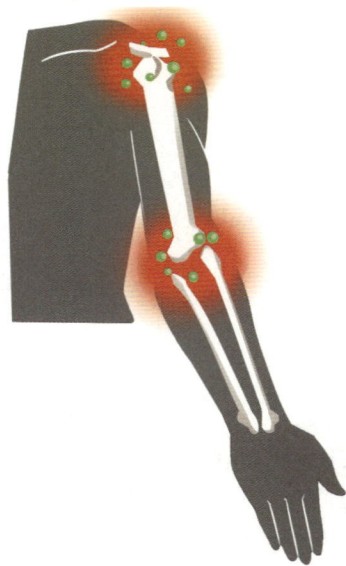

图3-16 氮气泡积聚

气体多是无害的，但是当累积速度远快于扩散速度时，便会形成肺部减压病。

有些气泡会发生在人体其他部位，例如关节周围的气泡会导致关节疼痛，有些皮肤微血管扩散出来的气泡形成皮肤红疹，等等。通常来说，如果气泡非常小而且少量，是对我们人体没有什么影响的，只有当气泡大量存在的时候，才会导

致减压病的形成。

一般气泡容易出现在低灌注组织中，或是循环系统的动脉侧。根据症状可以将减压病分为两种，第一型减压病症状较轻，通常只是疼痛而不会造成严重后果，例如上面表格中的皮肤型和关节型减压病；第二型减压病则比较严重，可能危及性命，例如神经系统减压病，肺部减压病，脑部减压病。

目前对于减压病的理论研究一直在发展中，个体的易感性每天都在变化，相同条件下不同个体可能受到不同影响，或根本不受影响。但是潜水引起

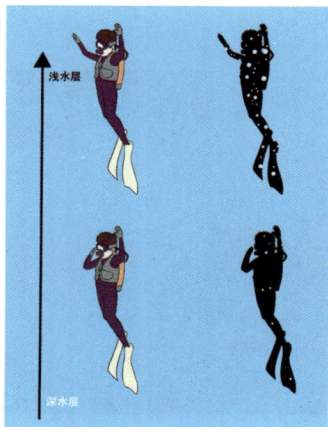

图3-17　上升形成气泡

的减压病风险是可以通过正确的减压程序进行管理的，休闲潜水活动中较少出现减压病。

（3）减压病预防

休闲潜水中并不是那么容易罹患减压病，但是我们应该做好防范措施。首先，应该做好潜水计划，并且严格执行潜水计划，不要超出自己的训练水平进行潜水。

要相信你的潜水电脑，当潜水过程中潜水电脑发出警示音时，一定要引起重视，停下来检查是否上升速度过快了，还是达到了免停留极限。不要因为看到了罕见的生物而兴奋激动地忽视了警告，要知道神秘的海洋里也是有危险存在的，安全才是第一位的。

在潜水行程中注意休息，尽量避免饮酒，潜水前不要做剧烈运动，在潜水结束后不要马上冲热水澡。要随时注意自己的身体状况，如果感觉到身体不适或过于疲惫，最好取消此次潜水，等身体恢复再回来。

（4）减压病应对

如不幸罹患减压病，一般出现症状时间为出水后12小时内，如出现减压病症

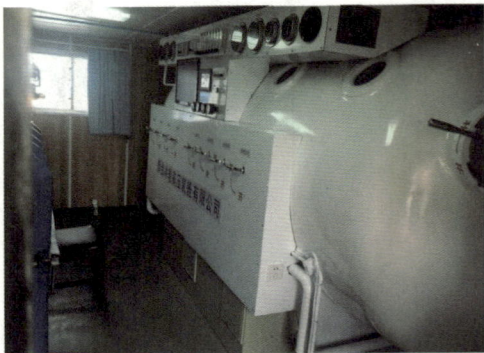

图3-18　高压氧舱

状，请及时接受治疗。如有疑似减压病的情况，请尽快到达船上或岸上，由持有紧急供氧员执照的人对其进行100%纯氧呼吸治疗，并及时送到医疗机构接受治疗。如有必要，请尽早采取高压氧舱治疗。

小贴士

潜水需要购买的保险和普通商业险不同，购买前请了解清楚是否有休闲潜水或深度方面限制。请向专业教练咨询最适合的保险。

严格控制体内氮余量及上升速度，是每个潜水员每次潜水都应引起重视的安全守则。一块电脑表能帮助潜水员极大简化这项烦琐的工作，使每次潜水变得更加轻松。

禁飞时间： 潜水后，必须等待一段时间让体内的氮气排出才能乘坐飞机或到高海拔地区，不然气压变小会加速气泡的产生。通常多次潜水后要至少等待18小时才可以乘坐飞机，如果时间允许，最好等待超过24小时。

5. 氮醉

氮醉（Nitrogen narcosis）是由于潜水时氮气的麻醉而引起的暂时的感官和动作的迟钝、麻木。这种状态类似于醉酒，通常在深度大于30米时容易发生，存在个体差异，并且个体的易感性也每天都在变化。

发生氮醉的潜水员有时会做出一些常人无法理解的举动，例如吐出二级头，或毫无缘由地开始兴奋，所以有人形容氮醉为"深海狂欢"，这一现象早在20世纪初便有人提出。

图3-19 氮醉

氮气分压产生麻醉效果容易发生在30米左右的深度，随着深度的增加，氮醉可能会变得危险，因为无法清醒地对环境做出应对，在水下会是一件不利的事情。氮醉是非常容易解决的一件事情，一旦潜水员意识到自己或潜伴出现了氮醉的症状，上升到较浅深度便可以恢复正常。在休闲潜水中，氮醉通常不会发展成严重问题。

氮醉的症状是判断力下降，无法同时进行多项任务或者出现不协调状态，失去决策能力，无法注意力集中。有时还会出现眩晕，视觉或听觉障碍，有的潜水员还会突然无征兆地狂喜，或者极度焦虑，抑郁或者偏执。

如潜伴突然出现以下症状，要确定是否氮醉：

※ 莫名地兴奋、亢奋

※ 思考能力减弱，举止缓慢，反应迟钝，很难集中注意力

※ 协调能力下降

※ 不正常的行为

在开放水域潜水员阶段，请不要超过18米的最大深度限制。如果发现潜伴疑似氮醉，向他打手势问他是否正常，如果他没有办法及时回复你，将他带到较浅的深度，氮醉便会恢复了。

6. 高碳酸血症（二氧化碳积聚）

二氧化碳积聚（Hypercapnia）也是比较严重的潜水疾病之一，是呼吸和循环系统中含有过量二氧化碳所致。

二氧化碳是人体内新陈代谢的产物，随着呼吸排出体外，二氧化碳含量上升会刺激呼吸中枢神经，增加呼吸频率来摄取氧气。而在进行休闲潜水时，二氧化碳积聚最常

头痛　　　　恶心　　　呼吸困难

无力　　　头昏眼花　　失去知觉

图3-20　高碳酸血症

见的原因有过度费力，呼吸无效腔以及潜水时憋气。如果过度费力，身体产生二氧化碳的速度比呼吸系统排出二氧化碳的速度快，上升的二氧化碳含量刺激呼吸中枢加速呼吸，而水底密度比在陆地上大，所以呼吸会比在陆地费力，加速的新陈代谢又会产生更多的二氧化碳，刺激呼吸频率更快，形成恶性循环。

如果在潜水中突然感觉头痛，呼吸急促，痛苦和焦虑，大脑混乱，呼吸困难，严重时甚至会昏迷，则须停下来，放慢速度呼吸，寻求潜伴的帮助，慢慢恢复。如果潜伴失去意识，二级头从口中掉出，请帮助他将二级头放回口中，并终止此次潜水回到海面。

引起二氧化碳积聚的另一个因素便是憋气，每次呼吸前会有暂停一下，可能是有意识要控制浮力，或者无意识的习惯。要有意识地训练自己避免这种情况。

7. 低碳酸血症

与高碳酸血症正好相反，低碳酸血症（Hypocapnia）是二氧化碳不足的情况。

人体的反射呼吸中枢是根据二氧化碳的浓度刺激来工作的，过度换气会使呼吸和循环系统中二氧化碳含量降低，而在潜水过程中，人体需要消耗掉可用的氧气，才能恢复到正常的二氧化碳浓度水平。

当发生换气过度的情况时，则可能会头昏眼花，甚至毫无预警地出现浅水黑视症（Shallow-Water Blackout，以下简称BO）。自由潜的人比较容易遇到BO的情况。

8. 一氧化碳中毒

一氧化碳中毒（Carbon monoxide poisoning）通常发生于呼吸气源被污染的情况下。压缩机在出现故障时会产生一氧化碳，在水下高压环境中会加速一氧化碳的不良反应。

最初症状包括头痛、恶心、不适、特别疲劳。之后会心率加快、血压降低、心律失常、进而出现幻觉、头晕、意识模糊、癫痫等中枢神经系统症状。

避免一氧化碳中毒的方法是选择正规潜店的气源，并且在使用前先轻轻打开一点气瓶阀使气瓶中气体缓缓流出，闻闻气瓶中气体是否有不正常的臭味。

如果遇到一氧化碳中毒的不适感，要马上有控制地上升到水面，呼吸新鲜空气即可减缓症状。

【讨论】

1. 在潜水过程中我们要全程保持中性浮力，原因有哪些？

2. 你能想到的人体空腔有哪些？

3. 为什么潜水过程中不能憋气？

4. 如何获得你准备潜水地区的医疗信息？

第四单元

潜水准备

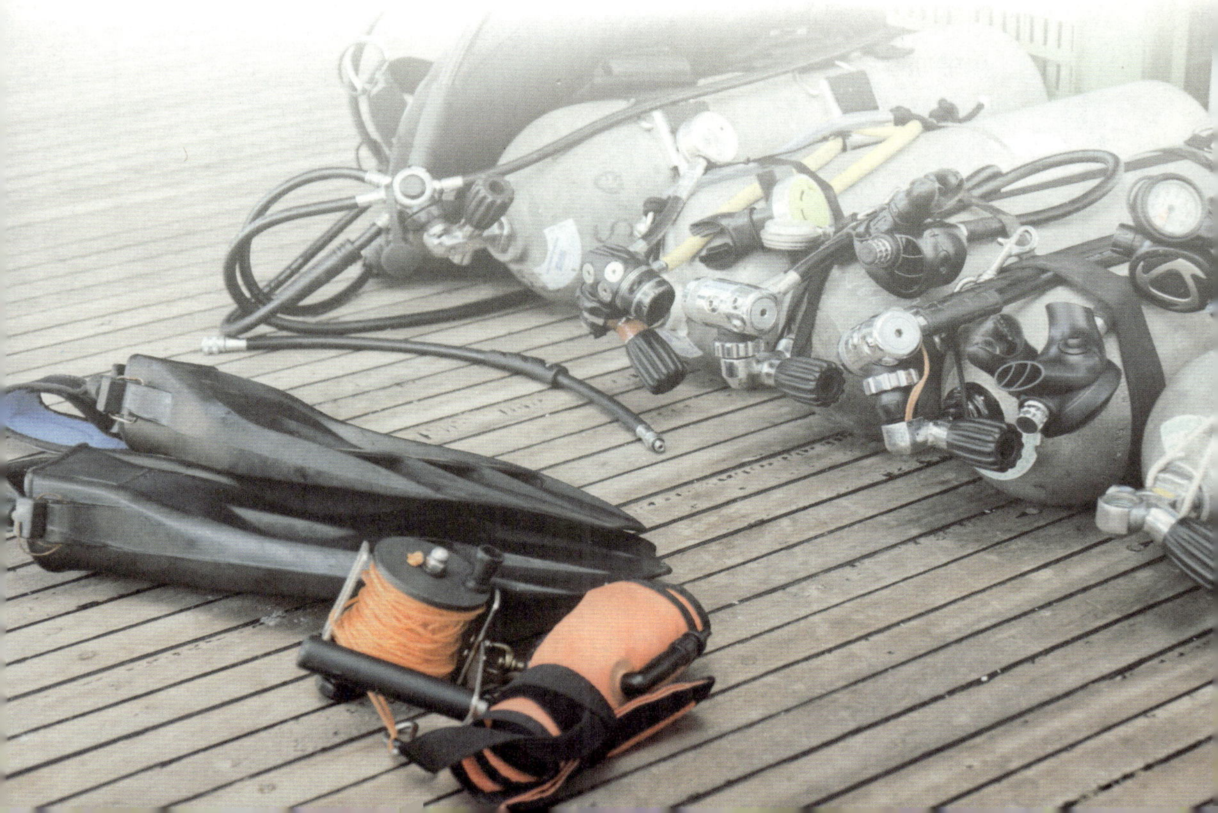

"工欲善其事，必先利其器"，想要好好享受潜水旅程，装备是潜水员必不可少的好伙伴。

本单元的学习内容：

※ 浮潜装备

※ 休闲潜水装备

※ 辅助装备

人类对于借助装备探索海洋的努力从未停滞，公元前4世纪，亚里士多德时代便有使用玻璃桶潜入大海的记录。

1637年明朝时候宋应星的著作《天工开物》也在系统总结前代文献基础上，做出《没水采珠船》插图，记载了中国人使用长管呼吸在水下进行采集作业的状况。

最早的水下作业和探索的成型装备——潜水钟，最早出现于1535年，意大利人古莱尔莫德洛雷纳（Guglielmo de Lorena）制造使用了第一个现代潜水钟模型。

潜水钟的使用局限性非常大，随着人们的研究，缩小的潜水钟——潜水头盔出现在1800年左右，操作者可以穿戴潜水钟在水中小心地移动，但是笨重的潜水钟依然制约着人们的活动。

图4-1 潜水钟

现代潜水装备出现在1943年，雅克库斯托（Jacques-Yves Cousteau）和他的伙伴埃米尔加尼安（Émile Gagnan）设计了第一个成功的、安全的开放式Scuba，即休闲潜水装备初始模型，人类终于可以轻松地在海底移动了。

在本单元，我们将从以下几个部分来介绍我们常用的装备：浮潜装备、休闲潜水装备、辅助装备。

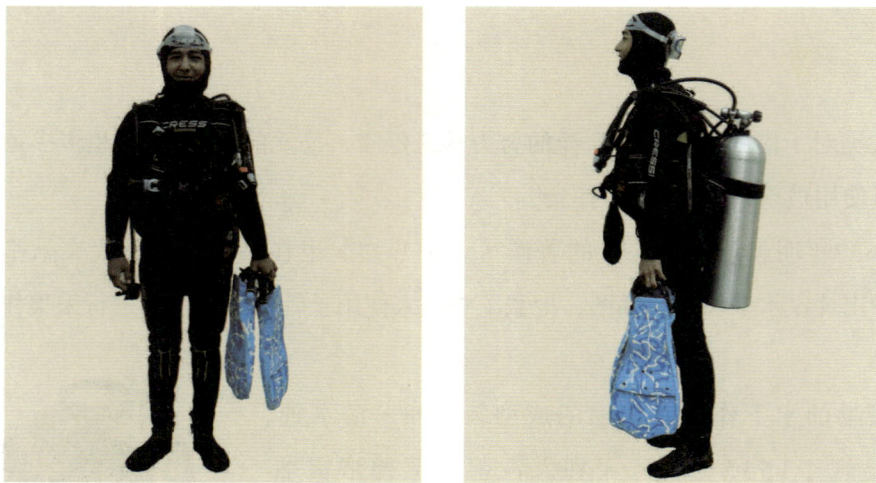

图4-2　全套着装的现代潜水员

一、浮潜装备

浮潜是可以不深入海里便能欣赏浅海美景的潜水方式，也是我们最容易接触与观察大海的方式。

图4-3　浮潜

图4-4 浮潜装备

浮潜的装备包括面镜、呼吸管、防寒衣、脚蹼等。

1. 面镜

光线的传播在水中与在空气中有着极大的不同，所以要在水中能清楚看到美丽风景，面镜是必不可少的。

现在市面上面镜的种类有很多，一般来说常见的面镜有以下几种：

单片镜：大镜片有着更大的视野，边缘部分少于双片镜，衔接处漏水概率更小。

双片镜：方便更换为近视镜，面镜容积略小于单片镜，镜片比单片镜小，更不容易破裂。

图4-5 单片面镜

图4-6 双片面镜

65

三面镜：更广阔的视野，三面透光减少视觉死角。

全面罩：专为无法接受将脸部浸没在水中的浮潜人员设计，可以将脸部与水完全隔绝开，头向下欣赏美景的同时自如呼吸。

面镜的材质非常重要，钢化玻璃的镜片能保护眼睛和面部在面镜受到外力突然破裂时候不被碎掉的碎片伤害，柔软的硅胶裙边可以更贴合脸部轮廓，鼻子部位的设计对耳压平衡非常重要。潜水员需咨询教练，并进行现场试戴，选择最适合自己脸型的面镜。在不用面镜带的情况下，将面镜放置于脸上，然后轻轻吸气，正视正前方时面镜不会掉下，证明它较为贴合你的脸部。

小贴士

在海水中使用的面镜，最好能用温水浸泡数分钟，以防有腐蚀性的盐垢产生。如果无法在使用后马上清洗，最好把面镜放在水中，因为干掉的盐分很难彻底清除。

⚠️ 选择适合的面镜在初学潜水时非常重要，不断漏水的面镜很容易给潜水员造成紧张的心理，也会限制视线，影响水下体验。

2. 呼吸管

呼吸管是海面呼吸的必备用具，有了它在海面就不必抬起头来换气，可以专心欣赏水下的珊瑚鱼群。尤其在海面有风浪时候，熟练掌握呼吸管的使用是正常呼吸的保证。在休闲潜水活动中，海面呼吸都是通过呼吸管来完成的，这样可以节省气瓶中的气体。

常见的呼吸管有以下几种。

干式呼吸管是有着下排水阀和上封闭阀的呼吸管，可以轻松靠吹气的方式从上方或下方排出呼吸管中的进水，当海面有浪时，上方封闭阀的小阀片会顺势闭合阻断水向呼吸管中流动，不易因为呼吸管上端进水而呛到使用者。干式呼吸管在弯道处以及咬嘴是硅胶或较软PVC材质，而在其他部位是较硬PVC材质。

半干式呼吸管外表看起来和干式呼吸管区别很小，只是上端没有封闭阀，水可以从上端灌入呼吸管，也能轻松从上端吹出。

图4-7　干式呼吸管

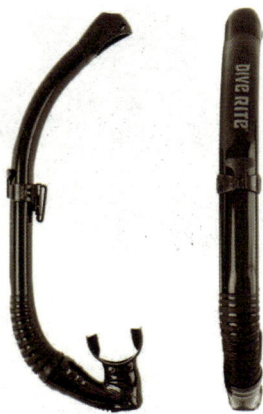

湿式呼吸管是没有排水阀的呼吸管，湿式呼吸管在弯道处或咬嘴是硅胶或较软PVC材质，而在其他部位是较硬PVC材质；而有些湿式呼吸管通体均为柔软材质，甚至整条呼吸管可卷起携带。

选择呼吸管，首先要注意的是放在口中的咬嘴部位，是不是大小软硬适中，不适当的呼吸管长时间使用容易疲劳，或造成口腔不适。请你的教练根据您的情况推荐适合您的呼吸管，在详细讲解如何使用后，教练会带您在平静水域中练习如何使用呼吸管。

图4-8　湿式呼吸管

⚠ 在下水前检查呼吸管的咬嘴是否有断裂的情况。

3．脚蹼

一般来说，潜水员在水中的行进不是通过手臂来完成，而是通过腿部的动作推动。一双推动力强的脚蹼是极其重要的。脚蹼是否合适直接影响潜水员中体力的消耗。适合的脚蹼、正确的身体姿势和踢动姿势，能让水下的旅程轻松又愉快。

脚蹼分为需要潜水靴的可调整式与不需要潜水靴的套脚式。

套脚式脚蹼：直接穿脱，码数较多，且价格较为低廉，经济实惠。鞋套部分用料柔软，可穿潜水袜。

可调整式脚蹼：需要穿潜水靴，适合岸潜时候走过砂砾地带，在水中也能方便穿脱。

 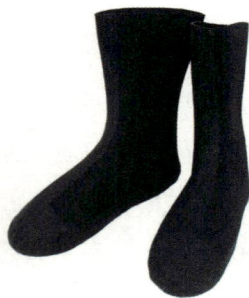 

图4-9　脚蹼　　　　　图4-10　潜水袜　　　　　图4-11　潜水靴

脚蹼有各种设计、各种材质，可以满足不同的水况和需求。根据不同脚蹼的特点，选择最适合的脚蹼，需上脚感受鞋套的柔软度和脚蹼是否合脚。

不同区域适用不同的脚蹼，需根据当地潜水条件和需求选择一款合适的脚蹼。

> ⚠️ 不合脚的脚蹼容易引起腿部、脚部的抽筋。

4. 防寒衣

在水中，热量流失的速度大约是空气中的25倍，在水中停留时间较长时便需要穿着防寒衣来保证核心躯干部位的温度，避免失温引起的危险。即使是在热带水域潜水，也需要穿着皮肤衣来防止水中生物的伤害。

防寒衣一般分为干衣、湿衣、皮肤衣。

湿衣有长款与短款、分体式，厚度常见有2毫米，3毫米，5毫米，7毫米，请依照准备去的水域情况选择合适的防寒衣。一般来说防寒衣可以提供在水中的部分浮力，不同材质的湿衣在水面及水下提供的浮力是不相同的，具体如何选择防寒衣，可以详细咨询潜水教练。

好的湿衣是由高质量的氯丁橡胶制成，紧密的分子结构中充满了小气泡，起到了良好的保温保暖作用，并且受到水压的影响较小。质量良好的湿衣在水面上不会浮力过大，在水底也不会突然变成"额外的一块配重"。

图4-12　干衣

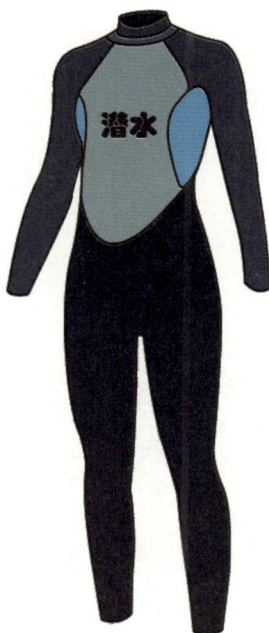

图4-13　湿衣

一款合适的头套也会大大降低体温的流失速度。

防寒衣对潜水员的重要性毋庸置疑，做好水下保暖工作可有效降低减压病和氮醉的发病率，但是也请注意不要在岸上穿着过多而引起中暑。

一般来说，在不同地区的防寒服选择因人而异，但是大体上会有以下建议。

当水温高于25℃时，或者只是从事浮潜活动，一件皮肤衣或者短款湿衣便已足够；

图4-14　头套

当水温高于21℃时，长款3毫米的湿衣会是比较好的选择；

当水温在16℃时，则需要5毫米或7毫米的湿衣；

当水温低于16℃时，最好选择一件合适的干衣（请咨询潜水教练干衣专长的具体情况）。

潜水后，请将防寒衣用清水清洗干净后晾干，避免阳光直晒，并且在储存时采用悬挂的方式，不要让橡胶部分重叠，这样容易破坏气泡部分导致老化粘贴在一起。

⚠️　一定要尽量避免触碰水下生物，这对潜水员和水下生物来讲都非常重要。

二、休闲潜水装备

自携式水下呼吸装备（全名Self-Contained Underwater Breathing Apparatus），简称SCUBA，休闲潜水装备。除了上一节列出的浮潜设备，还有以下一些重要组成部分。

1. 浮力控制装置（以下简称BCD）

浮力控制装置是在水中控制浮力的主要组件，它可以控制下潜和上升，一旦到达水面，充满BCD便可以提供正浮力在让潜水员漂浮在水面上休息。

通过排出BCD中的气体，可以缓缓下潜到预定位置；然后通过向BCD中充适量空气，建立中性浮力，悬停在水中。

图4-15 不同种类BCD的图片

市面上的浮力控制装置常见的有夹克式与背飞式，请教练来介绍不同BCD的特性，选择一款适合的BCD，学习如何充排气。

① 快卸扣
② 充排气阀
③ 背板
④ 调整带
⑤ 气囊

图4-16　背飞

浮力控制装置上都配有一根充排气的软管，连接在一级头的低压接口，这个是低压充气阀（充排气阀）。在BCD的上部和下部都有防爆阀/快泄阀，所以不用担心充气过多BCD爆开的情形。学习如何充排气，并练习如何熟练地使用低压充气阀和快卸阀非常重要，记住所有阀门位置，每次排出BCD中气体之前记得要先调整身体姿势，使空气集中在阀门附近。

BCD必须是合身的，如果太松，在使用时会晃动，太紧则会阻碍呼吸，两者都会影响潜水体验。请教练帮你一起挑选，多试几次一定可以找到最适合自己的。

控制不好浮力控制装置中的气量往往是新手在水下控制不住漂上水面的常见原因，这种情况很容易发生危险，如碰到水面过往的船只。一定要在一开始学习时候便熟练掌握如何快速调整自己浮力控制装置的浮力。

在潜水结束后，用清水清洗BCD外表，并从排气阀处灌入一些清水到BCD囊中，再用嘴将BCD充满气，轻轻晃动BCD，使清水尽量流过并清洁BCD整个内部，然后将BCD倒置，排气阀放到最低位置，按住排气按键，让BCD中水流出，然后将BCD悬挂在阴凉处晾干。

如果有条件，每年保养或检视一次BCD，确保气囊上没有破洞，软管没有老化，低压充气阀运转良好，没有卡住。

2. 气瓶

气瓶用于在潜水活动中气体的供给，由瓶身、气瓶阀及瓶身标签构成。

气瓶中盛装的都是干燥的压缩空气（氧气大约21%，氮气大约79%，其他微量气体忽略不计），在进行高

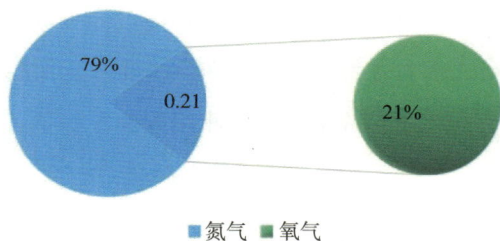

图4-17 图示气瓶中气体构成

氧潜水时会用适氧的气瓶盛装压缩高氧气体（氧气含量超过21%的气体）。

潜水气瓶材质有铝瓶或钢瓶，有很多尺寸，最常见的是12升气瓶。气瓶压力等级从150bar到300bar不等，通常我们日常潜水活动中使用的是200bar左右的12升气瓶。

气瓶阀常用的有国际Yoke阀和DIN阀，对应不同接口的调节器，通常两种阀口可以通过内六角扳手拆卸来转换，或者使用专用的转换头。

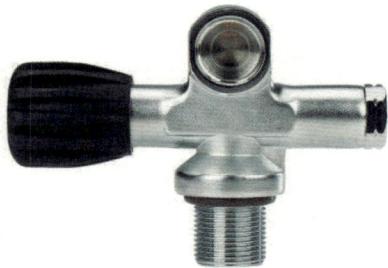

图4-18 DIN头气瓶阀

图4-19 Yoke气瓶阀

　　气瓶阀中含有一个防爆膜，会在气瓶到达1.5倍工作压力时破裂。它的存在使气瓶非常安全，在气瓶过度填充或者气瓶内气体热胀使压力猛增时候，便不必担心气瓶爆开。同时也要注意如果需要将气瓶放置于长期日照的汽车后备厢时，气瓶不可以压力过高，密闭容器中气体受热体积会膨胀，超过一定压力后防爆膜会破裂。

　　气瓶标签是气瓶上的钢印，它可以说是气瓶的"身份证"，通过它可以了解到气瓶的材质、生产日期、尺寸和工作压力等信息。

　　例如，常用铝制气瓶用到标签如下：

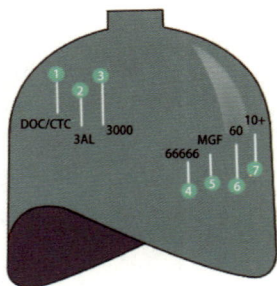

图4-20　气瓶标签图示

　　① DOT/CTC：DOT指美国运输部，CTC指加拿大运输委员。

　　②AL/AA：AL指铝合金气瓶，AA指钢制气瓶。

　　③数字表示气瓶额定压力。

　　④气瓶序列号。

　　⑤气瓶制造商缩写。

　　⑥测试日期和测试商标签。

　　⑦最大容量允许超10%。

　　气瓶每隔一段时间（通常是一年）就要进行目视检查，以确定气瓶没有被腐蚀，依然适用于高压充气，每次目视检查通过后会将新的测试日期打印在气瓶上。请选择正规的CDSA培训机构进行气瓶目视检查，以确保使用的气瓶安全、合规。

3．调节器

调节器是休闲潜水中最终要的装备部件之一了。调节器有一级头和二级头，与气瓶直接连接的一级头会把气瓶中的高压空气降低到大约10bar左右，通过管线传到二级头后由二级头将压力降为周围环境相同的压力，这样潜水员便能在水底像在陆地一样自如地呼吸了。

除了主二级头，一级头上还连接着一个备用二级头，一般会用比较鲜艳的颜色来与一级头进行区分，可以在紧急情况下使用。需要妥善收纳二级头，否则，会在潜水时勾到其他物体形成拖拽，也不能在潜伴急需时及时拿出。潜水员需向教练学习可采用的备用二级头放置方法。

如我们之前学到，在水下深处时身体和装备都受到来自水的压力，这会使气瓶内气体体积减小。质量良好的调节器可以在任何深度都提供顺畅的氧气，让潜水员感觉不到深度对呼吸的影响。有些调节器上也会有专门调节气量的阀门，可以手动调节气量大小。

图4-21　一二级头图片

调节器一级头分为两种Yoke式的和DIN式，如图4-22、4-23所示。

图4-22　DIN接口图片

图4-23　Yoke接口图片

两种不同的接口可以通过专门的转换头来适应气瓶瓶口。

图4-24　转换头DIN转Yoke的图片

⚠️ 　　调节器使用前要注意咬嘴是否有破裂，与气瓶连接前要检查O形圈（O-ring）是否完整哦。

有些调节器还可以在冰冷的水下使用，如何保证在零度以下的水中一二级头不因结冰而影响呼吸。在冰面下潜水需要经过特殊训练，如何保暖，如何做潜水计划以及如何出入水都是潜水员需要学习的内容，请咨询您的教练冰潜专长课程，以及相应的装备和干衣、全面罩专长课程。

选择一款质量良好并且适合你的调节器，对于整个潜水行程的安全和舒适非常的重要，可以请你的教练帮你选购一款适合你的调节器。

调节器在每日潜水结束时都要进行淡水冲洗，将一级头用防尘罩盖好，将调节器拿去冲洗；或者将一级头放在池边，二级头和管线浸泡在专

图4-25　全套组装好的调节器组

1：一级头

2：高压管

3：残压表

4：备用二级头

业去除盐分的溶液中，然后用清水冲洗干净，一级头在高处，二级头自然垂下挂起晾干。注意要避免阳光直晒，并且冲洗调节器时不要按排气按钮，不要用力拉扯管线。

小贴士

要定期保养调节器，一般来说每一到两年都要在正规经销商处进行保养和测试，更换内部密封垫圈和滤芯，清理调节器里的结晶盐及锈渍。

4．仪表组

仪表组是通过一根管线连接在一级头的高压接口。

一般仪表组分为单表式、双联表、三联表。仪表组常见的组成部分有潜水压力表、深度计、指北针等。

图4-26 仪表组

潜水压力表也叫残压表（SPG），它的作用是监测气瓶内的剩余气体量，有英制或公制单位的，也有电子或数字指针的。潜水压力表是潜水中提供最重要数据的仪器。

潜水压力表显示的是表压，表压是相对于绝对压力的一个概念。绝对压力也称环境压力，是指作用在物体上的总压力，例如海平面受到的压力是1bar，海平面的绝对压力就是1bar。而表压是指压力表上的读数，在海平面上压力表的读数则为0，即表压为0。可以看出，表压为绝对压力减1。

在潜水过程中，潜水员应该随时了解自己所处的深度，这时除了电子式电脑表以外，深度计也能提供这个数据。在电脑表不幸出现意外的时候，仪表组上的深度计便是潜水员的依靠。

当水下不是潜水员熟悉的状况无法用自然导航的时候或者水能见度较差时候，指北针便可提供帮助。指北针有侧面读数和上方读数两种方式，还有电子指北针。

图4-27 指北针

侧面读数的指北针可以戴在手腕上，也可以装在仪表组，将表侧面平行于视平线，从上方或侧面小窗口读取方向。

上方读数的指北针可以戴在手腕上，也可以装在仪表组，表面垂直于视平线，从上方读取方向。

小贴士

将仪表组与调节器一起进行保养，清理结晶盐份，检查压力表和深度表的灵敏度及准确性。

小贴士

指北针是依靠磁场来作用的，所以当周围有能形成磁场的某些金属、矿物或者沉船等物体影响时，指北针会出现失灵的情况。

5．潜水电脑表

潜水电脑表是帮潜水员监测水下深度、潜水时长、水面休息时间以及上升、下潜速度的可靠电子仪器，也是潜水员必备的最重要装备之一。

潜水电脑表在进入水中后会自动运行，开始记录深度、水温及入水时间，自动绘出潜水侧面图，计算在水底的免停留潜水剩余时长。并且可以在结束潜水后继续计算水面停留时间，来确定潜水员体内累计氮气值，确保每一潜都不超过极限。

市面上最常见的是腕带式潜水电脑表，有普通的电子显示式，有彩屏的，也有和一级头发射器结合使用的，有些电脑表可以调节为高氧模式，甚至自由潜模式。各种电脑表功能不同，价位也相差较大，请你的教练帮忙选择一款最适合你的电脑表。

潜水电脑表可以帮助我们更安全地潜水，并且比用潜水计划表做潜水计划有着更精确省心的结果，它会自动帮我们计算体内余氮量，提示我们禁飞时间以及我们是否上升速度过快。

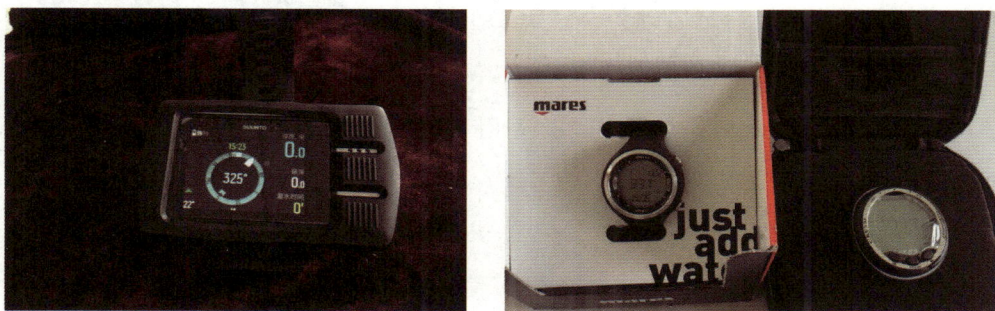

图4-28 潜水电脑表

6. 配重系统

在穿上潜水衣和浮力装置后是有正浮力的，这时需要带上配重系统才能顺利下潜。配重是否合适也决定着潜水行程是"负重前行"还是轻松舒适。

常见配重有以下两种。

（1）配重带是一条带有快卸扣的带子，将配重铅块均匀分布在带子上，快卸扣的方向可以保证用常用手（通常是右手）可以迅速拉开快卸扣。

图4-29　配重带

（2）整合式配重通常是整合在BCD上的两个袋子，使用时需注意是否扣好所有的快卸扣，避免意外滑落，并且也要在左右口袋放相同质量的配重以保持平衡。

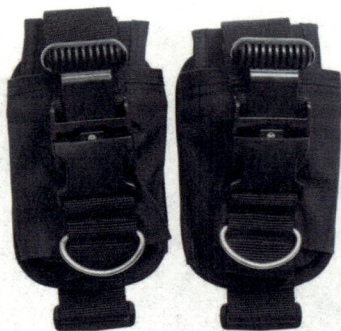

图4-30　整合式配重

⚠️ 配重太重，全程需要充更多气才能保持中性浮力状态；配重不够，新手很容易漂上水面。

三、辅助装备

以下附属装备，可以给潜水员带来更安全、更舒适的潜水体验。

（1）手套。在冰冷的水中潜水时，手套可以保证手有足够的温度，尤其是对于拍照的人来说，一副五指手套是必不可少的。但是有些潜点或者潜店出于环保考虑是不允许戴手套的，请在行程出发前详细了解当地的规定。即使戴着手套，也请不要触摸任何海洋生物，很多海洋生物表层会有一层分泌液体或薄膜，当外界接触它们时候会破坏掉这层保护，导致它们非常容易罹患皮肤病甚至死亡。

图4-31　手套图片

（2）水面信标：SMB+线轮。水面信标包括水面浮标和线轮，是潜水中必备的部件之一。

水面信标有球形的，长条状或热气球状，根据不同使用场合应该使用不同形状的水面信标。在水面警示来往船只，以及在潜水绳上方的信标一般是球形的，而一般潜水员随身携带的是长条形的棒状信标，一般我们称之为SMB。

一名休闲潜水员应该熟练掌握水面SMB的使用方法，如果遇到不得不自己上升水面的情况，水面信标能起到警示作用，避免在升水过程中被船只碰撞，它显眼地飘在水面也有利于潜水船的发现。在平静水域教学部分教练会演示如何使用SMB和线轮，请认真学习并练习熟练。

一般来说SMB有口吹式和下方开口式，下方开口式可以选择口吹或者用二级头来充气。无论选择那种SMB，请一定在泳池中练习熟练，不然很容易在深海中被SMB缠绕或者不小心被SMB迅速带上水面。

图4-32　SMB+线轮

（3）网袋。如果一次潜水行程需要中转潜点，那么一个透水的网袋是很有必要的，它能在转移的途中收纳所有潮湿的装备，透气的网眼可以让水流出来减少重量，让装备更容易晾干。

图4-33　网袋图片

但是行程结束后还是要记得将装备从网袋中取出，洗净后晾干。

（4）潜水灯。潜水灯也是潜水中必备部件之一，它在我们的潜水中应用广泛。休闲潜水中潜水灯一般是指潜水手电，在潜水物理学中我们学到，阳光中色彩会随着深度降低而被吸收，在深水处几乎只剩下绿色和紫色，而这时有一把合适的潜水灯

图4-34　潜水手电

就能很好地帮我们还原水下色彩。在夜潜中也会用到潜水手电进行水下照明，来体验与白天潜水完全不同的感受，有些生物是只有夜潜中才能见到。

购买潜水手电时它的流明数和续航时间是应该考虑的参数，但是也不是说流明数越高越好，在普通潜水中一把流明数正好，续航时间合适的手电足矣。根据要进行潜水的类型、水域来选择一款合适的手电。夜潜中会携带两把潜水手电，一把使用，另一把作为备用以备不时之需，在其他潜水类型中也推荐这么做。

水下摄影与摄像专长也会用到潜水灯是必备装备，它会让照片或视频还原色彩，更加美丽。

夜潜与低能见度潜水、沉船潜水、冰潜都必须经过专门训练才可以进行，只学习完开放水域潜水员课程是不可以直接进行这些潜水的。

（5）潜水刀。潜水刀是防止缠绕
和割断鱼线的，在很多区域都是必备
部件，例如渔业发达的地区和海底废

图4-35 潜水刀图片

弃物多的区域。潜水刀是每个潜水长都必须携带的物品，但是潜水刀是无法带上
飞机和高铁的，一般需要在潜水目的地准备潜水刀。

（6）水下警示装备。水下警示装备包括哨子、蜂鸣器、一闪一闪的警示灯
等可以引起他人注意的部件。它们一般来说体积小巧、携带方便，哨子是可以直
接用嘴吹响的；警示灯一般是由潜水教练挂在身上的，闪着不同色彩的光让队里
的潜水员方便辨认，在潜水员集中的区域使潜水员不易跟错潜水教练，在夜潜中
尤为适用；蜂鸣器是接在低压充气管和BCD之间的一个小部件，靠气瓶中气体来
发声，水下水上声音都非常嘹亮。

还有现在比较流行的海上救援GPS，非常
小巧而且操作方便，一旦按下报警键，信号会
被附近渔船收到。

以上介绍的便是休闲潜水中会经常用到的
装备，在下一单元，我们来学习如何组装和使
用这些装备。

【讨论】

为什么要挑选合身的装备？

图4-36 全套休闲潜水装备图

第五单元

平静水域潜水

经过前面几单元的学习，相信您已经为跨入水中做好充分的准备了。

本单元的学习内容:

※ 在平静水域进行的水性测试

※ 平静水域课程的目的

※ 下水前准备

※ 入水流程

※ 水下技巧

※ 清洗、保养装备

※ 平静水域理论补充

一、在平静水域进行的水性测试

在开始平静水域学习之前，教练会进行水性测试，请事先练习以确保能够顺利地进行潜水课程学习：

（1）在不使用面镜、呼吸管或其他游泳装具的情况下，使用任何一种泳姿完成200米不停歇的远距离游泳。或使用面镜、脚蹼及呼吸管完成300米不停歇的远距离游泳。

（2）水面踩水/漂浮10分钟。

图5-1　泳池训练

二、平静水域课程的目的

在平静水域课程中，我们会学习到如何组装装备，如何入水，在水中的基本动作，急救动作以及如何出水，如何拆卸和保养装备。

平静水域一般是指泳池，或者是够在封闭性、平静度、深度、能见度与泳池相当的自然水域。

图5-2　平静水域教学

平静水域的水面平静、能见度不低于2米，浅水区可以在站立时露出水面，深水区足够让学员展示平静水域需要学习的技巧。平静水域训练应在白天或光源足够的条件下进行。

三、下水前准备

在水下，装备是我们赖以生存的生命线，所以在每次下水前都要认真检查装备，规避潜在的风险。

1. 组装潜水装备

（1）首先要检查气瓶的O圈，避免在水下漏气。如果在水下看到气瓶头冒泡或者发出轻微漏气的声音，说明O圈损坏，需要更换。

图5-3　全套自携式着装教练和学员

（2）打开气瓶让气瓶中气体缓缓流出，闻闻气体是否有味道。

（3）将BCD在水中打湿，有助于它紧贴在气瓶上，防止下水脱落。

（4）将气瓶出气口面向自己，把BCD上的安全带套上气瓶。将气瓶阀位置和BCD领口位置保持平齐，这样气瓶既不会太低影响腿部动作，也不会太高磕到头部。将安全带拉紧、扣好，并将较细的安全带挂到气瓶阀下起到双重保护防止气瓶意外滑落的作用。

（5）将调节器一级头对准气瓶口轻轻旋转，注意调节器连接到气瓶后的正确方向应该是当背着气瓶潜水时，二级头在右手边，仪表组在左手边。注意一级头不要过于用力拧紧，当打开气瓶时，气瓶内气体的压力会让一级头与气瓶口紧紧连接。

（6）将低压充气管连接到BCD的低压充气阀上，要听到"啪"的一声，保证卡口已卡好。如不放心，请教练帮助检查一下是否已连接好不会脱落。

（7）将仪表组的表面朝向地面或压在BCD上，同时按着二级头排气阀，缓缓打开气瓶阀门让气体慢慢流出，全部拧开阀门后再回转半圈，这时就可以查看仪表组了，检查气瓶中气体是否填充满，轻轻按住二级头排气按钮，再次确认气体是否干净无味。然后看着仪表组从二级头中吸气，检查残压表指针是否会随着吸气而晃动，如有晃动，说明气瓶阀没有打开到位。

⚠️　　注意仪表组的表面一定不能对着自己或他人，避免充气时表面突然爆开伤到人。

（8）调整所有管线，保证管线没有缠绕，在水底不会拖拽，或者勾挂其他物体，良好的归置管线习惯能让潜水员在水下保持流线型，阻力更小，并且避免缠绕勾挂带来的危险。完成后将气瓶整齐放倒，避免砸到自己或他人，并注意气瓶不要压到调节器等其他部件，将所有要用的装备整齐地放置在一起。

图5-4　组装好装备

2．下水前检查

完成装备的检查，在潜伴的帮助下穿好装备，将脚蹼抱在手里，现在可以进行入水前的潜伴互查了。

需要检查的顺序是：W—A—B—O。

（1）配重系统是否带好（W，Weight）：有没有携带配重系统。

（2）呼吸系统（A，Air）：让潜伴将二级头咬在嘴里，眼睛看着残压表，然后呼吸两口气，看残压表指针是否有晃动。

图5-5　潜伴互相检查装备

（3）浮力补偿装置（B，BCD）：按住充气阀给BC充满气，看BC是否漏气，再用排气阀看放气是否顺利，并且拉动排气阀，看防爆阀是否起作用。然后看气瓶上绑带是否绑紧，安全带是否挂在气瓶阀上。

（4）其他装备（O，Other）：检查面镜是否挂在脖子上，呼吸管是否正确连接在面镜带上，脚蹼是否已拿在手中。

然后就可以到平静水域边最适合下水的地方开始相互扶着穿脚蹼了。

图5-6 水面教学

四、入水流程

根据入水的地点和周围环境的不同，有以下几种不同的入水方式可供选择。

1. 坐姿入水法

坐姿入水法（Controlled seated entry）这种方法适合于从泳池边等离水面很近的平台上进入水中，并且水面近于平静水域，最适合泳池练习。

穿好脚蹼，坐在泳池边缘，尽量往边缘坐稳。将面镜带好，呼吸管放入口中，将BC充气，手放在泳池边缘。确认

图5-7 坐姿入水

周围水面没人会被你气瓶砸到，将双手压在身体同一侧，手臂用力推动身体远离池壁时候转身进入水中，将BC充满气漂在水面上，向岸上的人打出"OK"的手势，然后游开，给下一位要入水的人让开空间。

2. 跨步入水法

跨步入水法（Giant stride entry）是最常用的入水法，适用于有站立平台的环境，潜水船上使用的入水方式通常为跨步入水法。

图5-8　跨步入水

⚠️ 注意，如果平静水域时泳池较浅，请不要练习跨步入水法。

穿好脚蹼，在船员协助下走到船边缘。脚踩稳船边缘，左右按住配重带，右手手掌按住调节器防止调节器脱落，手指压住面镜防止水冲击下滑脱。常用的一只脚向前方伸出，双眼目视前方，身体重心前移，将自己的身体推向前方。落入水中后充满BC，向船上人打出"OK"的手势，然后游开，给下一位要入水的人让开空间。

3．背滚入水法

背滚入水法（Back roll entry）是坐快艇或多尼船时最常用的入水法，适用于离水面较近、船舷边可以坐着的情况。

⚠️ 注意，此种方法必须在开放水域中练习，不可以在泳池边练习，以免磕伤碰伤。

图5-9 背滚入水

所有坐在船边的潜水员保持一定距离，穿好脚蹼带好面镜，将BCD充一些气，回头左右看水面，确认水面没有人或者突出礁石。将调节器放入口中，一只手按紧调节器和面镜防止脱落，另一只手护在后脑同时压住面镜带。低头，将头靠近胸口，等待船员指令。当船员指令"一，二，三，走。"（具体指令由船员决定）时，船舷边所有人一起向后翻滚进入水中，充满BCD，向船上人打出"OK"的手势，然后迅速向船头游动集合。

在背滚式入水时，一定要注意水面情况，避免出现砸到别人或者撞到礁石的情况。因为背滚式入水刚入水时容易发生无法辨别方向的情况，这非常正常，只要稍缓一下，已充了一部分气的BCD会将您带向水面方向。在背滚式入水时最容易遇到的是面镜脱落，要注意按紧面镜带，避免面镜丢失。

具体用哪种方法入水，需要结合周围环境来判断，务必做到以最安全的方式入水，并且入水时要注意已经入水和准备入水的团队成员，一定要听船员的指挥。并且要仔细观察海面的浪，尽量在船舷最接近水面的时候入水。

小贴士

入水时一定要听从船员指令，避免砸到先入水的同伴。

图5-10 组装好的装备

五、水下技巧

要想在水中自由地活动，享受水下乐趣，有些技巧是我们必须要学会的。请在教练的带领下学习以下技巧，并反复练习直至熟练。这些动作，需要形成肌肉记忆，保证在意外发生时都能仅凭着肌肉记忆便做出正确的反应。

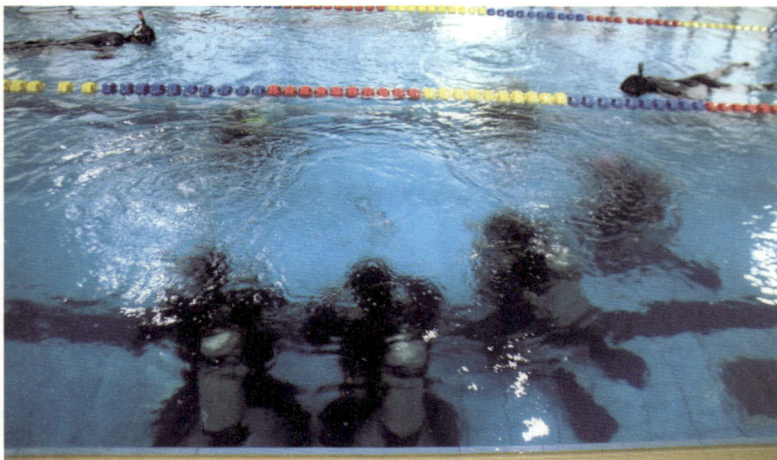

图5-11 水下教学

在浅水区需要学习的技巧：

※ 调节器与呼吸管适应练习（Regulator/Snorkel use）

※ BCD充排气（包括口吹）（BCD inflate/Deflate）

※ 清除呼吸管中积水（Snorkel Clearing）

※ 清除调节器中积水（两种方式）（Regulator Clearing）

※ 水面呼吸管/调节器切换（Snorkel/Regulator Switch）

※ 调节器寻回（两种方式）（Regulator Retrieval）

※ 面镜排水（半面镜排水与全面镜排水）（Mask Clearing）

※ 面镜脱下并重新戴上（Mask Remove and Replace）

※ 耳压及面镜压力平衡（Equalization Techniques）

※ 浅水区游动练习（Swim with flutter kick）

※ 无面镜游动（No-Mask Swim）

※ 配重移除并穿回（水面，水中）（Weight Remove and Replace）

※ 从漏气的调节器中呼吸（Breathing from a free flow regulator）

※ 气源共享上升技巧模拟练习（Air Share）

图5-12　泳池学习

在深水区除了复习浅水区所有技巧意外，需要学习的新技巧：

※ 三种入水方式训练（Entry）

※ 调整合适配重（Weight Adjustment）

※ 下潜至底部，用BCD建立中性浮力（Descent）

※ 水底脱下BCD并重新穿回（BCD Remove and Replace）

※ 水底潜游至少50米，并读取残压表，用手势告诉教练数值，并练习当残压不足时的手势（Flutter Kick Swim with Scuba unit）

※ 悬浮（Hovering）

※ 中性浮力练习（Diving Position Neutral Buoyancy）

※ 潜水姿态练习（Trim）

※ 气源共享并上升到水面（训练时不可以超过5米水深）（Stationary Air Sharing）

※ 有控制地紧急游动上升（模拟紧急上升，到水面后口吹BCD浮在水面）（Emergency Swimming Ascent）

※ 使用水面浮力信标（SMB）

图5-13　气源共享

※正常有控制升水（Ascent），到达水面后用低压充气阀充满BCD漂浮在水面，以及用口吹法充BCD飘在水面两种方式

图5-14　水下练习

回到深水区水面后需要学习的技巧：

※ 救援技巧（Rescue Skill）抽筋解除，水面拖带疲惫潜水员至少25米

※ （复习）水面脱下BCD并重新穿回（BCD Remove and Replace）

※ 水面耗气量计算（SAC）

还有几个技巧，需要你在下一单元开放水域进行学习，它们是：

※ 指北针直线导航（Navigation）（可事先在陆地演练）

※ 安全停留（Safety Stop）

出水：当结束平静水域训练后，开始准备回到陆地上。

泳池：当平静水域是泳池时，用双手撑在泳池边，脚蹼用力打水，趁着打水向上的力气用力推泳池边，身体向上，然后迅速转身，坐在泳池边上。动作结束时双手应该在身体同一侧。

图5-15　平静水域练习

台阶：如果是走到泳池边或人工水域的话，记得先脱掉脚蹼。不适宜脱脚蹼的情况下要转身，倒退着前进，注意不断回头检查前进方向的情况，以免摔倒。

岸边：如果是在海边浅水处进行平静水域训练，具体流程请参照下一单元开放水域岸潜内容。

船潜：如果是开船出外在海边浅水处进行平静水域训练，具体流程请参照下一单元开放水域船潜内容。

图5-16　回到岸上

图5-17　潜水船

六、清洗、保养装备

当潜水员都回到岸上，潜导/教练做完总结后，潜水员应该在教练的指导下用淡水冲洗装备，然后拆卸并将装备放在阴凉处晾干后收纳。

拆卸装备时请按照与组装顺序相反的顺序进行，先关上气瓶，按住二级头排气按钮将调节器中气体排净，才可将调节器从气瓶上拧下。

图5-18　晾晒潜水衣

七、平静水域理论补充

1．水面耗气量

之前在平静水域训练中，教练应该有讲解水面耗气量（以下简称SAC）的计算，这是一个重要的指标，有了这个数据，就可以做出更安全、准确的潜水计划。

SAC的计算需要在开始练习时，记录残压表的读数，然后在5米深度匀速游动5分钟，升到水面记录结束时残压表的读数。使用SAC计算公式来计算SAC速率。

SAC公式：SAC=AC*V/（t*P）。

其中：AC=气体消耗BAR数，

V=气瓶体积，

t=时间，

P=深度下的绝对压力。

可以多测几次，然后取平均值。有了这个速率的数据，便可以计算一瓶气可以在固定深度使用多久了。当然这个数据不是一成不变的，它会随着潜水员熟练程度而变化，甚至潜水员的身体状况都会影响到这个数值。

2．呼吸无效腔

在休闲潜水中，最有效的呼吸是深长而缓慢的呼吸，这样有利于气体的有效交换，同时在水中呼吸的气体密度要比在陆地上大，所以呼吸起来会比在陆地上耗力。

呼吸时，身体会吸收所需要的氧气而释放出二氧化碳，但是并不是所有的空气通道都参与这项工作，这项工作只会在肺部进行，而呼吸道里的气体是不能与血液进行气体交换的。因此，从气体交换的角度来看，从鼻腔到终末细支气管这段呼吸道都是无效腔，也叫呼吸无效腔。从生理学角度来看，可以把那些不能与血液进行气体交换的空间都作为呼吸无效腔。每次呼吸时，都会吸入一部分前一次吐气后的残留空气，这些残留气体是滞留在呼吸无效腔中的。急促的浅呼吸吸进的气体中来自呼吸无效腔的二氧化碳会较多，会让每次呼吸时无法有效地交换空气，需要耗费更多的力气来满足身体对氧气的需求，所以耗气量会比较大，也更容易感到疲惫。

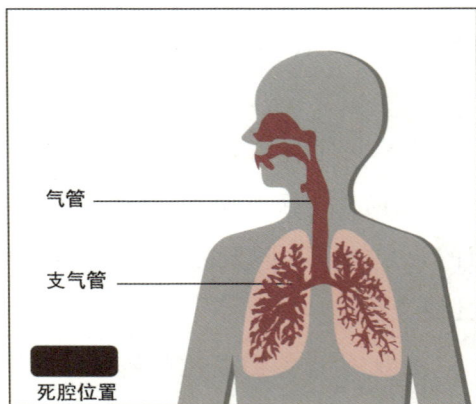

气管

支气管

死腔位置

图5-19　人体呼吸无效腔

潜水装备会增加呼吸无效腔，例如含在嘴里的二级头，就是一个呼吸无效腔。

3．调节器和呼吸管呼吸

经过平静水域训练，你会发现二级头里和呼吸管里有少量积水是非常正常的现象，即使你经常做排水动作，依然会有少量水留存在弯道处。

急促的呼吸可能会导致这些水呛入喉咙，我们要尽量避免这种情况的发生。缓慢而深长的呼吸，让这些积水突然进入口中的概率大大降低。还有种方法是在做调节器寻回时需要用到的，在把调节器放入口中时候将舌头顶住你的上颚，然后轻按排气阀，让空气将二级头和你嘴中的水挤出，然后再继续呼吸。

图5-20　海底风景

在教练的带领下您应该已经掌握了如何使用潜水装备在水中进行潜水活动。如果所有动作您都已顺利完成，下面我们就来一起进入开放水域学习部分。

本单元的学习内容：

※ 开放水域训练要求

※ 开放水域准备

※ 潜水前简报

※ 水入流程

※ 下潜

※ 开放水域潜水的注意事项

※ 水下沟通

※ 出水流程

※ 水中紧急情况

※ 潜水日志

图6-1　海底

一、开放水域训练要求

开放水域是指海洋、湖泊、水库、江河，或者是明显比标准游泳池水体大的、且与自然水域条件接近的水体。在开放水域课程部分，进行的训练深度一般是在5～18米之间，开放水域潜水员的潜水深度不可以超过18米（10岁至11周岁青少年潜水员开放水域训练及持证后潜水深度不可超过12米）。在开放水域潜水员课程中，训练需要安排在白天，并且一天内的训练次数不超过3次。开放水域训练潜水总共需要4次训练，所以开放水域部分的课程应该至少有2天才能完成。

请谨记，在开放水域训练潜水中，无论任何时候都请跟紧教练或助教，不可独自一人留在水下。

图6-2 海底

二、开放水域潜水准备

1．潜水侧面图

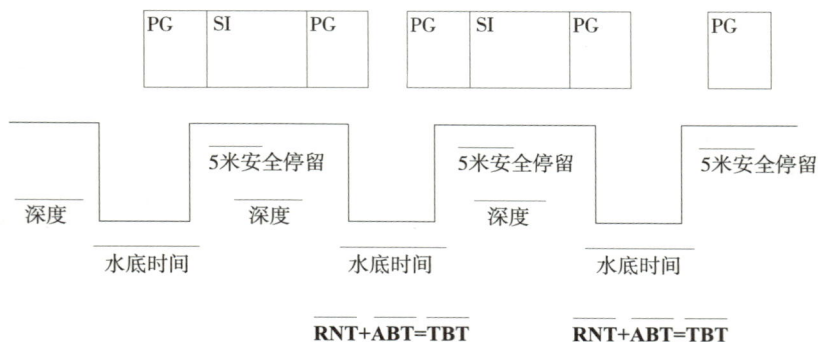

图6-3 潜水侧面图

其中：第一个PG表示初始分组符号，SI表示水面停留时长，第二个PG表示水面停留后的分组符号，RNT表示氮气剩余时间，ABT表示实际水底时间，TBT表示水底时间总和。

潜水电脑表的发明为潜水员节省了很大力气，它会监控你的最大深度，水中时长，水面停留间隔时间以及你的免停留极限，它方便携带并且使用简单，能为你的潜水带来更轻松安全的体验。

潜水计划表及潜水电脑制定的潜水侧面图可以帮助潜水员计算体内余氮量进而确定免停留极限时间、潜水的深度、时长、每天潜水的次数、水面停留间隔时间。

图6-4　海底

2. 潜水计划

每一次潜水，都应该有一个完整的潜水计划，并且严格按照潜水计划来进行潜水，谨慎才能保证安全。尤其在进行连日多次潜水，就一定要计划管理好体内的余氮量。

潜水计划应该包括很多内容，最重要一部分就是水下深度、时间和最低余气量的规划。在潜水计划中，应该包含一份整日潜水的潜水侧面图（Diving profile），按照潜水计划表规划好每日潜水的水底时长，水面停留间隔时间等重要信息。

除了氮气管理以外，每潜出水入水地点、出水入水方式以及船只需要携带的急救设备，如纯氧存放地点等等这些信息，应该都包含在潜水计划中。甚至应该了解当地医疗机构的联系方式，一同记录在这份潜水计划中。

再详细完备的计划都有可能遇到突发情况，比如出船浪大不适合潜水，或者前一天受冷突然感冒，或者没有任何原因，就是突然不想潜水等等。无论是遇到以上情况的哪一种，请记住，任何潜水员可以因为任何原因而中止潜水。不要不好意思讲出来，只要不想潜水，就请停止，这是对自己负责，也是对团队负责。

一份完整的潜水计划还应该包括应急计划，其中应该包含急救箱、氧气瓶、持证供氧员的信息、医疗急救电话以及最近的医疗机构联系电话。必要时还应把附近水域巡逻队的联系方式记录在潜水计划中。

3．潜伴制度

潜伴制度是休闲潜水中最重要制度之一。潜伴是在发生意外时候最能够对你进行帮助的人，也是当你的装备发生故障时候最可靠的依靠。在休闲潜水中，永远不要独自潜水。任何时候请与你的潜伴一起，并随时查看潜伴的位置，保持与潜伴在一臂距离，我们称之

图6-5　潜伴

为"潜伴距离"，以便随时能够提供必要的帮助。

潜伴是在潜水中最重要角色之一，合格的潜水员应该学习如何成为一个好潜伴。好的潜伴应该相互照顾，无论是在水上还是在水下。在水面时候，潜伴应该观察彼此的状态，如果对方出现不舒服或者不想潜水的征兆，一定不要勉强对方下水。如果自己觉得身体不舒服或者对此次潜水感到有压力，你也可以随时停止此次潜水。与潜伴一起制定潜水计划，在下水前要与潜伴进行装备互查，必要时候要帮助对方穿着装备。

在水下，作为一个负责任的潜伴，要不时查看对方的状况，并且离对方的距离不要超过一臂。当气瓶残压到达警戒线时，要如实告诉潜伴，不要抱着侥幸心理打算共用对方气源，这对于你们两个来说都是极不负责的。潜伴在水下是你的生命照看员，在水上你们可能成为一辈子的朋友，照顾好你的潜伴。

4．安全停留

在休闲潜水中，我们进行的都是免停留潜水，即在不进行免减压停留的基础上，罹患减压病的风险也是较小的。但是原则上来说我们应该每一潜都进行5米三分钟安全停留，让体内的氮在这个时机排出，将减压病风险降到最低。

5．重复潜水

对于大部分人来说，我们计划了一次潜水行程，兴奋地期待了很久，长时间地坐着飞机或开车到了我们将要潜水的地方，那么一定要好好放松自己，每天尽可能多地徜徉在水中。那么对于连续多日重复潜水，我们在进行潜水计划时候要充分考虑到每一次的水底时长与出水间隔时间结合计算出的体内余氮量，保证体内累计的"氮气时钟值"不超过我们身体所能承受的范围。

在开放水域训练中要练习如何使用潜水电脑表，当你下水的那一刻它就应该自动开始工作，计算着你的深度和潜水时长，根据你之前的潜水情况来累积计算你水下的免停留时间和水面休息时间。在整个潜水过程中，你应该时不时地查看你的潜水电脑表和残压表，听到潜水电脑表报警时一定要引起注意。

6．如何使用潜水计划表计划重复潜水

使用一块个人专用的潜水电脑表是最好的选择。但是如果你希望了解潜水计划表的使用方法，也可以通过本单元学习来了解一下。

现在市面上流行的潜水计划表有两种，一种是美国海军潜水计划表，另一种是瑞士生理学家阿尔伯特铂尔曼（Albert Buhlmann）发明的。计划表指明了潜水员在不进行减压潜水的情况下，在某一深度停留的最长允许时间。

CDSA是一个更强调安全潜水，在谨慎的基础上娱乐的组织，所以CDSA的潜水计划表更加强调保守的潜水。

表6-1　CDSA休闲潜水计划表

深度		免停留时间	重复潜水分组符号															
英尺	米	分钟	A	B	C	D	E	F	G	H	I	J	K	L	M	N	O	Z
10	3	不限	56	100	157	244	425	*										
15	4.6	不限	35	59	87	120	162	216	296	448	*							
20	6.1	不限	25	42	60	81	105	132	164	204	255	329	460	*				
25	7.6	594	20	32	46	61	77	96	116	139	165	197	235	284	353	468	594	
30	9.1	370	17	26	37	49	61	75	90	106	124	144	166	192	222	259	306	370
35	10.7	231	14	22	31	41	51	62	73	86	99	114	130	147	167	189	214	231
40	12.2	162	12	20	26	35	43	52	62	72	83	94	107	120	134	150	162	
45	13.7	124	11	17	23	30	38	45	54	62	71	81	91	101	113	124		
50	15.2	91	9	15	20	27	33	40	47	55	62	70	79	88	91			
55	16.7	73	8	14	19	24	30	36	42	49	55	62	70	73				
60	18.2	59	7	12	17	21	27	32	38	44	50	56	59					
70	21.3	47	6	10	14	19	22	27	31	36	41	46	47					
80	24.4	38	5	9	12	16	20	23	27	31	35	38						
90	27.4	29	4	7	11	14	17	20	23	27	29							
100	30.5	24	4	6	9	12	15	18	20	24								
110	33.5	20	3	6	8	11	14	16	19	20								
120	36.6	15	3	5	7	10	12	15										
130	39.6	10	2	4	6	9	10											
140	42.7	10	2	4	6	8	10											
150	45.7	5	2	3	5													
160	48.8	5		3	5													
170	51.8	5			4	5												
180	54.8	5			4	5												
190	57.9	5			3	5												

*为在此深度的最高重复潜水分组符号，不论多长时间

根据上表可得出前次潜水的分组符号，结合本次潜水的计划深度，可以从下表中得出余氮时间，从而推算出本次潜水的最长免停留潜水时长。

表6-2　余氮时间表

	Z	O	N	M	L	K	J	I	H	G	F	E	D	C	B	A
A⇨																0:10 2:20*
B⇨															0:10 1:16	1:17 3:36*
C⇨														0:10 0:55	0:56 2:11	2:12 4:31*
D⇨													0:10 0:52	0:53 1:47	1:48 3:03	3:04 4:31*
E⇨												0:10 0:52	0:53 1:44	1:45 2:39	2:40 3:55	3:56 6:15*
F⇨											0:10 0:52	0:53 1:44	1:45 2:37	2:38 3:31	3:32 4:48	4:49 7:08*
G⇨										0:10 0:52	0:53 1:44	1:45 2:37	2:38 3:29	3:30 4:23	4:24 5:40	5:41 8:00*
H⇨									0:10 0:52	0:53 1:44	1:45 3:37	2:38 3:29	3:30 4:21	4:22 5:16	5:17 6:32	6:33 8:52*
I⇨								0:10 0:52	0:53 1:44	1:45 2:37	2:38 3:29	3:30 4:21	4:22 5:13	5:14 6:08	6:09 7:24	7:25 9:44*
J⇨							0:10 0:52	0:53 1:44	1:45 2:37	2:38 3:29	3:30 4:21	4:22 5:13	5:14 6:06	6:07 7:00	7:01 8:16	8:17 10:36*
K⇨						0:10 0:52	0:53 1:44	1:45 2:37	2:38 3:29	3:30 4:21	4:22 5:13	5:14 6:06	6:07 6:58	6:59 7:52	7:53 9:09	9:10 11:29*
L⇨					0:10 0:52	0:53 1:44	1:45 2:37	2:38 3:29	3:30 4:21	4:22 5:13	5:14 6:06	6:07 6:58	6:59 7:50	7:51 8:44	8:45 10:01	10:02 12:21*
M⇨				0:10 0:52	0:53 1:44	1:45 2:37	2:38 3:29	3:30 4:21	4:22 5:13	5:14 6:06	6:07 6:58	6:59 7:50	7:51 8:42	8:43 9:37	9:38 10:53	10:54 13:13*
N⇨			0:10 0:52	0:53 1:44	1:45 2:37	2:38 3:29	3:30 4:21	4:22 5:13	5:14 6:06	6:07 6:58	6:59 7:50	7:51 8:42	8:43 9:34	9:35 10:29	10:30 11:45	11:46 14:05*
O⇨		0:10 0:52	0:53 1:44	1:45 2:37	2:38 3:29	3:30 4:21	4:22 5:13	5:14 6:06	6:07 6:58	6:59 7:50	7:51 8:42	8:43 9:34	9:35 10:27	10:28 11:21	11:22 12:37	12:38 14:58*
Z⇨	0:10 0:52	0:53 1:44	1:45 2:37	2:38 3:29	3:30 4:21	4:22 5:13	5:14 6:06	6:07 6:58	6:59 7:50	7:51 8:42	8:43 9:34	9:35 10:27	10:28 11:19	11:20 12:13	12:14 13:30	13:38 15:50*

反复潜水深度		Z	O	N	M	L	K	J	I	H	G	F	E	D	C	B	A
fsw	m	⇩	⇩	⇩	新 ⇩	的 ⇩	反 ⇩	复 ⇩	潜 ⇩	水 ⇩	分 ⇩	组 ⇩	符 ⇩	号 ⇩	⇩	⇩	⇩
10	3.0	**	**	**	**	**	**	**	**	**	**	**	427	246	259	101	58
15	4.6	**	**	**	**	**	**	**	**	450	298	218	164	122	89	61	37

续表

20	6.1	**	**	**	**	**	462	331	257	206	166	134	106	83	62	44	37
25	7.6	↑	↑	470	354	286	237	198	167	141	118	98	79	63	48	34	21
30	9.1	372	308	261	224	194	168	146	126	108	92	77	63	51	39	28	18
35	10.7	245	216	191	169	149	132	116	101	88	75	64	53	43	33	24	15
40	12.2	188	169	152	136	122	109	97	85	74	64	55	45	37	29	21	13
45	13.7	154	140	127	115	104	93	83	73	64	56	48	40	32	25	18	12
50	15.2	131	120	109	99	90	81	73	65	57	49	42	35	29	23	17	11
55	16.7	114	105	96	88	80	72	65	58	51	44	38	32	26	20	15	10
60	18.2	101	93	86	79	72	65	58	52	46	40	35	29	24	19	14	9
70	21.3	83	77	71	65	59	54	49	44	39	34	29	25	20	16	12	8
80	24.4	70	65	60	55	51	46	42	38	33	29	25	22	18	14	10	7
90	27.4	61	57	52	48	44	41	37	33	29	26	22	19	16	12	9	6
100	30.5	54	50	47	43	40	36	33	30	26	23	20	17	14	11	8	5
110	33.5	48	45	42	39	36	33	30	27	24	21	18	16	13	10	8	5
120	36.6	44	41	38	35	32	30	27	24	22	19	17	14	12	9	7	5
130	39.6	40	37	35	32	30	27	25	22	20	18	15	13	11	9	6	4
140	42.7	37	34	32	30	27	25	23	21	19	16	14	12	10	8	6	4
150	45.7	34	32	30	28	26	23	21	19	17	15	13	11	9	8	6	4
160	48.8	32	30	28	26	24	22	20	18	16	14	13	11	9	7	5	4
170	51.8	30	28	26	24	22	21	19	17	15	14	12	10	8	7	5	3
180	54.8	28	26	25	23	21	19	18	16	14	13	11	10	8	6	5	3
190	57.9	26	25	23	22	20	18	17	15	14	12	11	9	8	6	5	3

余氮时间（min）

① 从表上部斜行部分查到前次潜水结束时反复潜水分组符号，水平向右查到水面间隔时间所在列。② 垂直向下读取新的反复潜水分组符号，继续向下查到与反复潜水深度的交叉点，该值为余氮时间，将该值与反复潜水作业时间相加，即获得反复潜水的单次潜水时间。③ 水面间隔超过某行给出的最长时间的不作为反复潜水，可直接使用空气减压表。④ 不可根据本表确定余氮时间。

t向下取30 fsw深度处的余氮时间，并使用空气减压表的30 fsw方案减压。

通过以上两张表，可以绘出你此次潜水的潜水侧面图。

例如：一个潜水员，下潜到24米的深度停留了35分钟后升水，在水面休息了1小时30分钟，然后又潜到18米深度呆了14分钟，这个潜水员的潜水侧面图将会是怎样的呢？

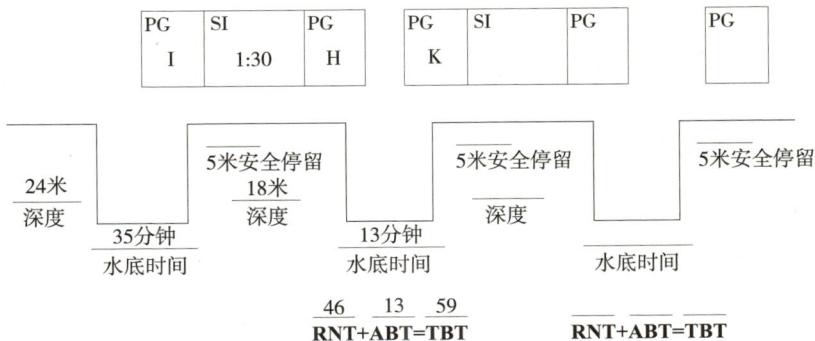

图6-6 潜水侧面图

三、潜水前简报

潜水前简报是由教练或者潜水长在下水前把大家召集起来做的一个报告。养成良好的习惯，无论你的潜水经验有多丰富，在每次潜水前认真听取简报是非常重要的。

1．训练潜水

一般在训练潜水中，教练会在潜水前简报中介绍这一潜会练习哪些动作，这些动作的意义是怎样的，以及这个动作达成的标准是怎样的。

教练还会介绍这一潜预计时长是多久，预计深度是多深，水下能见度如何，温度如何，水流情况如何。教练会每一次潜水简报前都复习常用水下手势，强调此次潜水中你要保持与潜伴在一起，整个潜水过程中都不超过一臂距离。

此次训练潜水采取哪种入水方式，入水后如何集合，当水下发现残压还有70bar时候就要提示教练，残压还有50bar时候必须警示教练。

2．娱乐潜水

在平时进行的娱乐潜水（Fun dive）中，潜水前简报一般是由潜水领队或者潜水长来进行。

娱乐潜水的潜水前简报包含这一潜的预计时长，预计深度，水下能见度，温度，水流情况等。

还包括这次潜水中你能看到些哪些水中生物，前进方向等重要信息，以及如何入水、出水、统一水下手势以及与潜伴失散时应该如何做等信息。

无论是训练潜水还是娱乐潜水，作为教练或者潜导，应该在每一潜的潜水简报部分强调安全和环保，不要超出自己训练极限潜水，不要与大家失散独自潜水，不准无端触碰海底生物，这样是对潜水员也是对海洋的负责。

四、入水流程

1．岸潜

当我们进行岸潜潜水时，需要从岸边慢慢走入水中。这种情况下要注意潜伴间的互助协作，两个人最好搀扶彼此一起入水，避免浪大将两人冲散。当水没过

图6-7　岸潜

腰部时候，潜伴相互搀扶着穿好脚蹼，然后入水游向深水处。期间要一直注意潜伴间的距离不能太远。

在岸潜入水后我们应观察波浪和流的情况，选择较为平缓的入水地点，注意来往船只，避开船只的航线，必要情况下在入水和出水区域设置警戒线。

如果有浪，你和潜伴应该将呼吸管咬在嘴里，手拉手同步行进，在浪与浪的间隙中走入浪区，尽量在浪与浪的间隙中前进，也可以在浪向岸边涌时站稳，向相反方向涌时顺着浪流前进几步，如此往复。一定要拿好脚蹼避免被浪冲走，在行进过程中当走到水深及胸的地方，与潜伴相互搀扶着穿好脚蹼后入水。

如果浪比较大，可以选择在入水不远处便相互搀扶穿好脚蹼，然后一起面向岸边倒退着前进，要扭头看向海里方向随时注意情况。

2．船潜

当我们要去比较远的潜点或者船宿潜水时候，需要坐快艇或者大船。这时要听从船员指令，使用前一个单元学习的入水方法进行入水。

在船上时要遵守船潜礼仪，听从潜水长安排，尤其坐快艇小船，在船行进过程中坐稳不要走动，不要坐在狭窄的船舷上。听从船员安排确定下水顺序，当船

图6-8　船潜

上不止一组潜水员时礼让先下水的潜水员先穿着装备。当已穿好全套装备后在下水处等待，不要在船上来回走动以免气瓶砸到他人。

如果船程较长，可以与船员或潜水长讨论应如何穿着潜水服与装备，避免太早穿好全套装备而导致中暑。

在船上不要随意进出驾驶室和机动室，尤其写着"禁止进入"的房间。不要随意玩耍挪动急救设备和氧气瓶。

如果有晕动症（晕船），请提前半小时吃晕船药，不要坐在船尾，并告诉潜水长你容易晕船，这样可以在到达下水点时让他安排你第一个下水。

五、下潜

当到达指定约定地点时，所有人都集合，检查人数，确认人数无误后，检查身体下方无礁石或其他潜在危险。所有人彼此做出"OK""下潜"手势，将排气管举过头顶，排空BCD中的气，头上脚下直立静止，缓缓下潜。记住在水面一没过头顶就开始做耳压平衡，并每隔一段距离就做耳压平衡一次。永远不要等到耳朵痛了才开始做耳压平衡。如果感觉耳膜有痛感，上升一小段距离重新做耳压平衡，然后再缓缓下潜。

图6-9　下潜

六、开放水域潜水的注意事项

在开放水域潜水中，我们将要练习在平静水域中学习的动作。但是开放水域和平静水域又有着极大的不同，一般来说开放水域深度会比平静水域大，无法随时浮上水面，并且水面有可能会有来往的船只。在开放水域中我们可能会遇到浪、水流以及各种各样的水下生物，这些都要求我们在开放水域中更要严格遵守潜水守则。

1. 紧跟教练或潜导，随时关注你的潜伴

无论是在潜水学习中，还是在拿到证以后的潜水活动中，都要遵守潜伴守则。紧跟教练或潜导，在观赏风景同时要注意他们的动态以及潜伴的位置。

如果遇到意外与队伍中其他人失散，记得执行失散程序：先环绕360°看周围有没有他们的身影，再上下看看他们是否在你上方或下方。如确实无法找到队友，在原地等待1分钟后升水，正常做安全停留，并打出SMB，到水面后把BC充满漂浮在水面等待船只来找你。

2. 不要憋气

在潜水物理学和生理学中我们学过，憋气上升是绝对不可取的，在整个潜水过程中我们应该持续地缓慢地呼吸，记得我们平静水域中学过的调节器寻回的练习，在调节器离开嘴时候，要慢慢往外吐小气泡。

3．保持良好的潜水姿势

潜水时，要保持良好的潜水姿势，装备和身体呈流线型可以大大减小水的阻力，为前进节省很多力气，并且不会在潜水过程中被管线勾拽，进而影响到潜水安全。

在潜水过程中，身体应是微微向上15°左右，使调节器和肺部在同一水平线，这样能使呼吸更简单轻松。

4．了解自己的状态

当潜水姿势正确时，要进行缓慢而深长的呼吸，每一个动作都放慢，休闲潜水应该是一种放松和娱乐的活动。

如果在潜水前感到身体不适，或者有感冒，或者早上起来感觉不舒服（我们非常不建议潜水员在潜水行程中饮酒），你应该和负责人说明取消今天的潜水。如果在潜水过程中感到疲乏或不适，你也应该和此次潜水领队（一般是教练或者潜水长）示意，然后请他们陪你一起升水。

5．不要触摸海中生物，不要追逐海中生物

在课程刚开始的时候教练就应该多次强调，在海里不要触摸任何生物，包括海中动物和植物。这是每个潜水员对海洋环境的责任所在，同时也是保护自己，在海里有很多生物例如火珊瑚、水母，不小心碰到它们也会伤害到自己。

在海中，除了塑料袋和渔网以外，其他"垃圾"在能否带走请先问问您的教练和潜导。尤其在某些微距潜点，一个空酒瓶，一只破靴子，可能是某个可爱小生物的家，问问了解这个潜点情况的潜导再做决定吧。

在海中见到此次行程的目标物一定是一件非常令人激动的事情，我们完全理解这一点，但是还是强烈建议您不要追逐任何海中生物。有些海中生物例如海龟，是需要隔段时间就到海面上呼吸一次的，您的追逐有可能是它受惊而向深处游去，错过了换气的时间而憋死。追逐生物对于您来说也同样是比较危险的行为，在水中加速运动会让你的呼吸加速，耗费大量的精力，容易产生高碳酸血症

症状，或者引发抽筋，气瓶中气体会快速消耗。更危险的是，兴奋地追逐会让你忘记深度，在不知不觉中超越训练深度极限，很多潜水事故都是由追逐生物而引起的。

小贴士

如果可以，请在潜水过程中将塑料袋和鱼线、渔网等垃圾随手带走。海龟会将漂浮的塑料袋以为是水母而误食，可能会造成窒息死亡。而被鱼线、渔网缠住的海中动物很难有摆脱的机会，如果无法得到救治最终会失去生命。而很多塑料制品被海中生物吞食后也无法消化吸收而不得不伴随它们终生。在收集这些垃圾时请首先注意自己的安全，不要被渔网鱼线缠绕产生危险，注意不要被划破手指，上岸后请将这些垃圾妥善处理。

6．控制上升速度

在开放水域第一潜中我们就应该练习如何使用潜水电脑，每一个潜水员都必须会使用潜水电脑，它的智能化运算让你的潜水行程更加轻松。要注意潜水电脑提示你的免停留极限时间，不要超过这个时间以免电脑表自动锁表，遵守潜水电脑的提示有利于你的安全。

在上升阶段也要注意，上升速度不要超过每分钟9米，大部分的电脑表会在上升速度太快时发出警报的"滴滴"声，听到这个声音便要降低速度了。

七、水下沟通

在陆地上，我们靠语言来沟通，而在水下，除了使用昂贵的水下通讯器，就只能通过手势来传达意图了。

1．手绘常用手势

OK（近距离，单手）　　OK（水中）　　OK（远距离，双手）　　安全停留

扳机鱼　　　　　　帮助　　　　　　　不知道

垂头鲨　　　　待在那里别动　　　掉头，返回　　　耳压平衡

| 耳压无法平衡 | 共享空气 | 跪下 | 海龟 |

| 海狼 | 海兔 | 和潜伴拉手 | 和潜伴在一起 |

| 还剩多少空气? | 就在这个深度 | 看着我 | 空气所剩不多 |

| 空气用完 | 来 | 轮船 | 你带路，我随后 |

| 鲨鱼 | 上升 | 狮子鱼 | 停止 |

| 危险 | 我很冷 | 下潜 |

| 向大拇指方向 | 小海狼 | 悬浮 | 一半气体 |

有问题，不对劲　　　　章鱼　　　　　　中断　　　　　　重复

　　如果是想在水下引起其他潜水员的注意，可以使用叮叮棒敲气瓶的方式或者水下蜂鸣器（这些方法多为潜导所用）。当你在水下听到"叮叮"的声音或蜂鸣器很响亮的声音，请停下正在做的事情，寻找潜导，他可能是在提醒你你的深度过深，或者离其他潜伴太远了，或者你周围有需要注意的危险。这也是为什么我们不建议普通潜水员频繁使用叮叮棒和蜂鸣器，当看到令你激动的海下生物而频繁发出响动吸引潜伴注意的时候，会分散大家对潜导安全信息提示的注意力。

2. 结束潜水后升水

　　当潜导示意"好了，我们结束此次潜水，开始做安全停留并上升至水面"时，大家需集合在一起，相互之间保持合适的距离。抬头检查头顶周围是否有障碍物或可能行驶过往的船只，然后潜导或队中某一人将水面信标打上水面。所有人将排气阀高举至头顶，看着左手的电脑表，排空BCD中的空气，然后慢慢踢动上升。注意上升速度不可以超过9米每分钟，并且绝对不可以憋气，上升途中要持续进行排气。到距离水面5米的地方，停留3分钟。待所有人都示意"OK"后，大家共同做出"上升"手势，慢慢上升到水面，聚集在象拔周围，建立正浮力漂在水面休息等待船只来接。期间要注意过往船只。

在上升途中持续排气是因为随着我们的上升，水压变小，气体体积膨胀，在水底时已经放不出气的BCD也许这时里面会有部分残余气体。相对压力变化最大的深度应该是10米到水面之间，所以在这期间你的动作越慢越好，并且记得及时排空BCD中的空气。

八、出水流程

1．岸潜

如果是走回岸边，请注意近海处的礁石，以及珊瑚和海胆等海生物，跟在教练身后沿教练走过的路线行进，避免踩到海生物。

在岸边会有波浪或涌，可以用身体感觉水流的规律，在波浪向后推时站定，波浪往前推时顺势前行。可以请教教练一些小技巧和注意事项，对适应岸潜会有极大好处。

图6-10　岸潜出水

图6-11 倒退走向岸边防蛙鞋绊倒

2．船潜

如果是进行船潜，在结束潜水时所有人都集中在水面，船开到潜水员不远处并熄灭引擎后，潜导或教练清点人数，指挥大家游向船边。然后所有潜水员排好队，保持BCD充满气浮在水面的状态，按顺序游到梯子旁边，然后站在梯子底端脱掉脚蹼，将脚蹼和配重带递给船上的支援人员。小心爬到船上，走到脱装备的地方脱掉装备。

⚠️ 在一名潜水员爬上船的过程中一定要保持他的下方没有任何潜水员或障碍物，以防正在登船的潜水员滑落水中。在有潜水员登船的过程中，其他潜水员请充满BCD，抓住船边的绳子漂在水面耐心等待。

在所有潜水员都登船后，潜导再次清点人员，确保没有潜水员仍留在水中。然后船启程回航或开往下一个潜点，潜导可在此时做潜水总结。

九、潜水后总结

每次结束潜水后船员或领队必须清点人数，避免仍有潜水员留在水中被人忘记的情况。并且针对此次潜水出现的问题，教练或者潜导要向潜水员指出。

1．训练潜水总结

在训练潜水后，教练需要对此次潜水中的内容进行总结，每个学生哪些地方做得很好，哪些地方有待改进。可以在潜水后总结时一起写潜水日志。

2．娱乐潜水总结

娱乐潜水后，潜水长也会对此次潜水进行总结，如果潜水员在潜水中有违规行为或者存在安全隐患，此时潜水长会再次向潜水员强调安全纪律。

在潜水后总结时，大家也会兴致勃勃交流此次潜水中看到的独特生物，对于潜水中看到感到好奇的生物或者现象，可以向潜水长询问。

十、气体管理

在潜水计划中重要的就是深度的管理、潜水时间的管理以及气体的管理。整个潜水过程分为：到达潜点前，到达潜点开始潜水，潜水后的返程。

在到达潜点前应尽量减少气瓶中气体的损耗，比较推荐的做法是在水况允许的情况下，在水面用呼吸管游到尽量接近潜点正上方的地方再切换成调节器，然后集合潜伴集体下潜。在整个潜水过程中要尽量减少不必要的动作，放缓呼吸，随时回应潜导确认余气量的手势，并且随时查看自己的残压表，以确定气体够用。当气体剩下70bar时候，你应该示意潜导，在气体剩下50bar时候，应该开始升水。记住50bar是气体警戒线，永远不要在气瓶马上用光时候才开始上升。

在潜水过程中，应该采用缓慢而悠长的呼吸，每一口气不要吸满肺部，也不要呼干净，越轻松越好。随着潜水经验的增加，会慢慢掌握水下呼吸的方式，和陆地上一样将它当作非常自然的一件事情。

根据波义耳定律，随着深度的增加压力增大，气瓶中气体体积会减少。假设呼吸频率不变，在10米深度，压力从1bar增加为2bar，气体供应时间是水面的一半。

十一、水中紧急情况

水中不是我们熟悉的环境，所以在水中遇到各种情况我们都要做到心中有预案，平时有练习。

（1）与潜伴失散。我们应尽量避免这种情况的发生，因为在水中，潜伴就是你潜水安全的第一道保障。永远要和潜伴保持伸手就可以够到的距离。一旦意外与潜伴失散，原地等待一分钟，将上下和周围水域可见到的部分都目视搜寻一遍，并且用敲

图6-12　潜伴

击气瓶或使用蜂鸣器等方法来发出声音，同时示意潜导"我与潜伴失散"。一分钟后如仍然无法找到，全体有控制上升到水面，搜索海面是否有气泡，并向船只或者后备援助求助。

（2）抽筋。潜伴抽筋可能是由于体力不够，可能是由于脚蹼不合脚。请按照之前学到的知识进行抽筋解除，待抽筋问题解决后大家集合，然后一同上升到水面。

（3）水中生物伤害。我们多次强调，在水中不可以触碰水中生物，这不仅仅会伤害海洋生物，对潜水员自身也会造成伤害。这不是危言耸听，在海中很多动植物为了保护自己，会有着攻击行为或者被动伤害行为。例如水母的触细胞，还有令潜水员闻之色变的火珊瑚，美丽但却有毒的狮子鱼，尾巴有毒的鳐鱼等。

图6-13　拍照时注意不要触碰生物

如果不小心被这些生物伤害到，有时后果可能会是严重的。如遇到这种情况，请立即有控制地升水，然后视情况到医疗机构就诊。

十二、潜水日志

在完成本次潜水后，请记得及时完成潜水日志的填写，它会是你今后美丽回忆的一个见证。时间、潜点名称、气温、天气、水下温度、配重质量、防寒服、潜到多深、潜了多长时间、水下都看到了些什么，这些资料对下次潜水也有帮助，下次潜水就知道应该用多少配重，一瓶气够在不同深度使用多长时间。甚至可以把此次潜水中非常满意的照片冲印出来贴到此页，把它做成一本漂亮的日志。

在完成记录后，请潜店在证明处盖章，或者请你的教练/潜导在证明处签字或盖章以作为本次潜水的书面记录。还也可以在潜水日志中留下潜伴的信息，与潜伴成为有着共同兴趣爱好的一生挚友。

最后我们再来总结一下我们的潜水安全守则：

※ 永远不要超过自己的训练极限。

※ 永远不要在生病时候潜水，如果感觉不想参加此次潜水，您可以在任何

图6-14　潜伴制度

时候退出此次潜水计划行程。

　　※ 在水中永远不要憋气。

　　※ 设定合理的潜水计划并严格按照计划潜水。

图6-15　与潜伴一起欣赏水中景色

【讨论】

1. 我们为什么要遵守潜伴制度？

2. 为什么要强调开放水域潜水注意事项？

3. 为什么要做好气体管理？

4. 为什么建议每个潜水员都拥有属于自己的潜水电脑表？

→ →　　作为一名对自己负责的合格潜水员，我承诺不在装备不齐全的情况下潜水，不独自潜水，不进行超过自己训练水平的潜水。我自己和潜伴的安全是第一位的，我承诺成为一名安全、环保的CDSA潜水员。